Dr. Wolfgang Senz

Ein Bundespräsident
irritiert

Van der Bellen,
seine Beziehung zu Nietzsche und
die Mai-Regierungskrise 2019 in Österreich

novum pro

www.novumverlag.com

Bibliografische Information
der Deutschen Nationalbibliothek:

Die Deutsche Nationalbibliothek
verzeichnet diese Publikation in
der Deutschen Nationalbibliografie.
Detaillierte bibliografische Daten
sind im Internet über
http://www.d-nb.de abrufbar.

Alle Rechte der Verbreitung,
auch durch Film, Funk und Fernsehen,
fotomechanische Wiedergabe,
Tonträger, elektronische Datenträger
und auszugsweisen Nachdruck,
sind vorbehalten.

© 2021 novum Verlag

ISBN 978-3-99064-953-4
Lektorat: Tobias Keil
Umschlagfotos: Rawpixelimages,
Emicristea | Dreamstime.com
Umschlaggestaltung, Layout & Satz:
novum Verlag

Gedruckt in der Europäischen Union
auf umweltfreundlichem, chlor- und
säurefrei gebleichtem Papier.

www.novumverlag.com

Inhaltsverzeichnis

1 Einleitung 7
2 Was ist ein Lebensbuch? 11
3 Die Unkultur der „Oberflächlichkeit" 12
4 Nietzsches Also sprach Zarathustra –
   Nietzsches Denken 15
5 Nietzsche und das faschistische Denken 37
6 Die Marktgesellschaft als Problem 45
7 Philosophische Überlegungen
   zu Gesellschaft und Wirtschaft 64
   7.1 Philosophisches Fundament 65
   *7.2 Ausprägungen der Gesellschaft abseits
        der Anerkennung von Übersteigen-Sollen* 87
   *7.3 Eine Einheit aus zweite Ausprägung und starke Form
        der Maske: Großindustrie und NSDAP
        am Ende der Weimarer Republik* 100
   *7.4 Ethnopluralismus, Extremismus der Mitte usw.
        als Instrumente marktgesellschaftlicher Ambitionen
        im Sinne der ersten Ausprägung* 115
8 Zur politischen Kultur der im Mai 2019
   abgesetzten österreichischen Bundesregierung und
   das irritierende Verhalten des Bundespräsidenten 120
   *8.1 Die ÖVP/FPÖ-Regierung 2017–2019 und ihre
        problematische Beziehung zum Extremismus der Mitte* ... 121
   *8.2 Die Mai-Regierungskrise 2019 und das Verhalten
        des Bundespräsidenten* 132

1 Einleitung

In der Tageszeitung *Heute* vom 28. 03. 2018 ist zu lesen:
„Alexander Van der Bellen ist ein begeisterter Leser. Sein Problem: Durch den Job als Bundespräsident hat er dafür nicht mehr so viel Zeit. Mit dem Journalisten Günter Kaindlstorfer hat er über seine Leidenschaft gesprochen, etwa für Comics (,Donald Duck begleitet mich, seit ich acht bin'), darüber, dass er in der Schule nicht wirklich zum Lesen erzogen wurde und dass ‚Also sprach Zarathustra' von Friedrich Nietzsche eines seiner ‚Lebensbücher' ist."

Interessant ist diese kleine Notiz aufgrund des letzten Satzes: Zu den Lebensbüchern Van der Bellens gehört Nietzsches *Also sprach Zarathustra*. „Interessant" ist dieser Satz konkret im Sinne von i r r i t i e r e n d . Den Grund hierfür signalisiert z. B. der Titel eines Buches des Philosophen Lukács: *Von Nietzsche zu Hitler*[1]. Wer mit Philosophie hinreichend vertraut ist, der mag die Meinung vertreten: Nun gut, aber Lukács ist ein marxistischer Philosoph ...! Schön (oder auch nicht *schön*). Was hat es dann aber mit folgender Aussage des Philosophen Russell – kein marxistischer Philosoph! – auf sich: „Die romantische Auflehnung verläuft von Byron über Schopenhauer und Nietzsche bis zu Mussolini und Hitler [...]." (S. 727[2]) – M u s s es angesichts derartiger Stellungnahmen nicht i r r i t i e r e n , wenn der Bundespräsident Österreichs ein Buch Nietzsches als eines seiner *Lebensbücher* ausweist?

---

1 Lukács, G. 1966: Von Nietzsche zu Hitler oder Der Irrationalismus und die deutsche Politik – Frankfurt a. M. & Hamburg
2 Russell, B. 2001[4] [1945]: *Philosophie des Abendlandes – Ihr Zusammenhang mit der politischen und der sozialen Entwicklung* – München & Wien

Freilich: Lukács und Russell sind keine unfehlbaren Autoritäten. Und tatsächlich gibt es eine bis in die Gegenwart anhaltende Tradition des z ä r t l i c h e n Umgangs mit Nietzsche. Hierzu zunächst ein Zitat aus Heideggers Buch *Was heißt Denken?*[3]:

„Wenn wir auch nur im Ungefähren diesen Grundzug seines Denkens beachten, muß das bisherige Bild von Nietzsche, das bereits in das gängige Meinen eingedrungen ist, in sich zusammenfallen." (S. 51)

Also das Bild, das auch Lukács und Russell vermitteln! Wer mit Heideggers eigener Philosophie halbwegs bekannt ist, wird wahrscheinlich sogleich anmerken: „Was Heidegger hier geschrieben hat, das überrascht nicht, ist doch *sein* Denken jenem Nietzsches verwandt!" Das ist zweifellos richtig. Wie aber steht es hiermit: V. Gerhardt hat der im Reclam-Verlag erschienenen Ausgabe von Nietzsches *Jenseits von Gut und Böse*[4] ein Nachwort beigesteuert, das mit folgenden Sätzen endet:

„Deshalb bleibt auch der Kenner darauf angewiesen, der sich immer wieder verzweigenden Spur der Texte [Nietzsches] zu folgen. Es dürfte dies auch der beste Weg sein zu einem Liebhaber Nietzsches zu werden. Wer ihn aber kennt und schätzt, der wird gewiß kein Jünger Nietzsches sein wollen." (S. 238)

Was auch immer das heißen soll, den Unterschied zwischen *Liebhaber* und *Jünger* bekommt man nicht erklärt, es erhebt sich die Frage: W a s h a t N i e t z s c h e z u b i e t e n, d a s i h n t r o t z d e r M ö g l i c h k e i t, i h n d e m V o r f e l d f a s c h i s t i s c h e n D e n k e n s z u o r d n e n z u m ü s s e n, a u c h n o c h i n d e r G e g e n w a r t z u m i n d e s t b e g r e n z t a t t r a k t i v s e i n l ä s s t ?

---

3 Heidegger, M. 1954: *Was heißt Denken? Vorlesung Wintersemester 1951/52* – Tübingen; zitiert nach: 1984, Stuttgart, mit einem Nachwort von H. Hüni
4 Nietzsche, F. 2007 [1886]: *Jenseits von Gut und Böse* – Stuttgart, mit einem Nachwort von V. Gerhardt

Im Rahmen der Beantwortung dieser Frage wird sich zeigen: Nietzsches Denken und das die Gegenwart bestimmende marktgesellschaftliche Denken verfügen über eine g e m e i n s a m e B a s i s. Nietzsche steht in der zu Mussolini und Hitler führenden Tradition: Aber diese Tradition ist mit dem marktgesellschaftlichen Denken verknüpft; hier liegt eine Einheit vor, i n n e r h a l b derer gegeneinander abgrenzbarere Positionen auftreten. D a h e r i s t e s – das wird in den folgenden Abschnitten zu verdeutlichen sein – p r o b l e m a t i s c h, s i c h e x p l i z i t g e g e n f a s c h i s t i s c h e s D e n k e n a u s z u s p r e c h e n, *o h n e z u g l e i c h* dessen Verwurzelung in besagter Einheit zu thematisieren.

Folgende Ausführung soll verdeutlichen, was unter besagter *Einheit* in Hinsicht auf ihre politische Repräsentation zu verstehen ist: Die vergangene Bundespräsidentenwahl in Österreich ist nicht zuletzt davon geprägt gewesen, einen Rechtsruck in Österreich zu vermeiden. Das hat insbesondere für die Stichwahl gegolten, wobei der Kandidat Van der Bellen als Garant für die Vermeidung dieses Rechtsrucks aufgebaut worden ist. Im ersten Urnengang ist zudem eine Kandidatin – Griss – zur Wahl gestanden, die sich als nichts weniger als ein Garant hierfür erwiesen hat. Der Grund hierfür ist ihre Aussage (in einem Interview mit der Zeitschrift *Falter*), wonach die Nazis anfänglich nicht nur ein „böses" Gesicht gezeigt haben. So konnten sie die Menschen verführen. Es ist schwer vorstellbar, wie man, verfügt man über *keinerlei* Affinität zu rechtslastigem Denken, Derartiges behaupten kann. Die Österreichausgabe von *Die Zeit* (Nr. 18; 21. 04. 2016) greift diese Thematik auf, wobei der entsprechende Artikel mit folgendem Satz endet:

„Und dann hätte die Juristin, die ihren eigenen Richterstand ohnehin für eine weltliche Priesterklasse hält, ein ziemlich dickes Nazi-Problem."

Die Pointe besteht darin, dass Griss im Zusammenhang mit der auf die Bundespräsidentenwahl folgenden Nationalratswahl als Abgeordnete zum Nationalrat Aufnahme in der Partei Neos gefunden hat, einer Partei, die sich als liberale *Wirtschafts*partei versteht!

***

Zum Aufbau des Buches. Im Zentrum des vorliegenden Buches steht die Frage, ob und inwieweit marktgesellschaftliches Denken und faschistisches Denken eine Einheit bilden, dahingehend, dass die Gefahr für eine Gesellschaft nicht erst mit der Etablierung faschistischen Denkens eintritt, sondern bereits mit der Etablierung marktgesellschaftlichen Denkens. Dieser Umstand wird in den modernen Gesellschaften nicht weniger als hinreichend beachtet. Als ein mögliches Signal in Richtung zu geringem Problembewusstsein soll das Verhalten des Bundespräsidenten Österreichs Van der Bellen diskutiert werden. Am Anfang hiervon steht dessen Aussage zu einem seiner Lebensbücher, ebenjenes Buches Nietzsches.

Nachdem zunächst beleuchtet wird, was überhaupt ein „Lebensbuch" ist und wie es um die „Oberflächlichkeit" des Denkens in modernen Gesellschaften bestellt ist, soll aus der Betrachtung Nietzsches heraus die Einheit aus marktgesellschaftlichem und faschistischem Denken porträtiert werden. Was dieserart erarbeitet wird, das muss aber erst auf ein tragfähiges Fundament gestellt werden. Dieses Fundament wird in der Philosophie gefunden werden und zugleich erlauben, jenes festhalten zu können, das der Einheit aus marktgesellschaftlichem und faschistischem Denken entgegenzuhalten ist: als nicht reduktionistisch verzerrende Thematisierung von Mensch und Gesellschaft. Aufbauend hierauf wird zu zeigen sein, was es konkret mit der Verharmlosung besagter Einheit auf sich hat, das Heraustreten aus selbiger erschwerend.

Der letzte Schritt führt zu Van der Bellen zurück: Die Art und Weise seines Umganges mit der Mai-Regierungskrise 2019 in Österreich signalisiert erneut ein den gesellschaftlichen Gegebenheiten nicht vollumfänglich gerecht werdendes Problembewusstsein gegenüber besagter Einheit. Dieser Umgang irritiert, insbesondere im Zusammenhang mit der Aussage zu Nietzsches *Also sprach Zarathustra*. Mehr irritiert aber, so wird sich zeigen, dass Van der Bellens Position charakteristisch für die politische Kultur (nicht nur) in Österreich ist.

2 Was ist ein Lebensbuch?

Was ist eigentlich ein *Lebensbuch*? Doch wohl ein Buch, zu dem man irgendwie eine Nahebeziehung aufgebaut und kultiviert hat. Das mag einen sentimentalen Grund haben; z. B. den, dass einem das Buch von einem geliebten Menschen geschenkt worden ist. Vielleicht ist man seit seiner Jugend in dem Besitz des Buches und es erinnert an einen geliebten verstorbenen Menschen. Wie auch immer. Keinesfalls wird man ein Buch als *Lebensbuch* bezeichnen, zu dessen Inhalt man keine Affinität hat aufbauen können bzw. dessen Inhalt man ablehnt; mag der Besitz des Buches auch noch so emotional beladen sein. Hat man diese Affinität nicht aufbauen können oder sogar eine Distanz zu dem Inhalt aufgebaut, so wird man das Buch vielleicht aus sentimentalen Gründen in der eigenen Bibliothek aufbewahren, aber weiters keine Notiz von ihm nehmen und auch nicht von ihm sprechen.

In der eingangs zitierten Zeitungsnotiz, eines der Lebensbücher Van der Bellens betreffend, ist von dieser Distanz nichts zu erkennen: *Also sprach Zarathustra* als *Lebensbuch* ist rein positiv konnotiert. Dass diese Zeitungsnotiz ausgesprochen kurz ist, ist hierbei vollständig belanglos: Die Verfasserin/der Verfasser der Notiz wäre zweifellos fähig gewesen, eine geäußerte kritische Distanz zu *Also sprach Zarathustra* festzuhalten.

3 Die Unkultur der „Oberflächlichkeit"

Die Einleitung hat bereits signalisiert, wieso im Zusammenhang mit Van der Bellens Nahebeziehung („Lebensbuch") zu Nietzsches *Also sprach Zarathustra* von I r r i t a t i o n zu sprechen ist. Insbesondere Gerhardts – ebenfalls bereits zitiert – unerklärt bleibende Differenzierung „*Liebhaber:* J a und *Jünger:* N e i n " signalisiert eine beachtenswerte Oberflächlichkeit in der Argumentation, die nur so verstanden werden kann, dass ein Inhalt transportiert werden soll, dessen Erklärung vermieden werden soll. Diese Oberflächlichkeit – der freilich die *tiefschürfende* Aufforderung zur Seite gestellt ist, „der sich immer wieder verzweigenden Spur der Texte [Nietzsches] zu folgen" – mündet in besagte „Zärtlichkeit" gegenüber Nietzsche. Diese Zärtlichkeit impliziert Affinität, wiewohl eine solche, die in letzter Konsequenz anscheinend wieder zurückgenommen wird: „kein Jünger". An und für sich bleibt die Affinität aber aufrecht. Dieses Jonglieren mit der Affinität wird durch die *Oberflächlichkeit* im Umgang mit dem Thema selbst gerade nicht zum Thema, sie wird maskiert.

Wird man hierauf aufmerksam, so drängt sich einem die Vermutung auf, dass hier n i c h t z u f ä l l i g Oberflächlichkeit vorliegt, sondern O b e r f l ä c h l i c h k e i t a u s K a l k ü l . Die „Oberflächlichkeit" – so zunächst die Vermutung – dient der Protegierung eines Denkens, das nicht explizit seinem eigentlichen Gehalt nach dargestellt und vertreten werden soll.

Zunächst soll anhand einiger Beispiele verdeutlicht werden, dass diese „oberflächliche" Vorgehensweise in unserer Gesellschaft verbreitet anzutreffen ist; die folgende Liste ließe sich beliebig verlängern.

Das erste Beispiel ist der Zeitung *Heute* (17. 05. 2018) entnommen:

„Da werden Fans knurren: Ausgerechnet Tobias Moretti – einst TV-Herrl von ‚Kommissar Rex' – rät in einem Clip für die Landwirtschaftskammer: ‚Vergesst's bei Kuh-Attacken den Hund. Der überlebt schon irgendwie. Und wenn nicht, hat er Pech gehabt …'"

Dem „Schöpfer" dieser Aussage und dem genannten Schauspieler, der sie aufgesagt hat, wohl ohne hierzu gezwungen worden zu sein, ist offenbar entfallen, dass Hunde zumindest dem Tierhaltegesetz nach „Mitgeschöpfe" sind, deren Tod auf abgeschmackte Weise bagatellisiert wird. Die Oberflächlichkeit – aber auch die Niveaulosigkeit – besagter Aussage bedarf keiner eigenen Darlegung; auch wenn dies offenbar nicht allen Menschen verständlich sein wird.

Das zweite Beispiel ist der Tageszeitung *Kurier* (27. 05. 2018) entnommen:

Faber (Dompfarrer zu St. Stephan; Wien): „Lieber Michael [Häupl], viel haben wir in den 24 Jahren deiner Zeit als Bürgermeister [Wiens] gelacht! […] Legendär dein Sager: ‚Wenn der liebe Gott g'wollt hätte, dass i vegan iss, dann hätt' er an Hasen aus mir g'macht.'"

Auch einem Dompfarrer, so möchte man erwarten, sollte bekannt sein, dass die vegane (und vegetarische) Lebensweise ein ernst zu nehmendes Thema ist. Dompfarrer Faber bemerkt an dem für sich bereits an Oberflächlichkeit nichts zu wünschen übrig lassenden „Sager" eines Ex-Politikers n u r dessen Unterhaltungspotenzial!

Das folgende Beispiel ist wiederum der Zeitung *Kurier* (20. 05. 2018) entnommen, konkret einem Interview mit Wirtschaftskammerpräsident Mahrer:

„KURIER: Immer öfter gehen Unternehmer an die Öffentlichkeit, um Flüchtlinge, die ihre Lehre erfolgreich absolviert haben, vor der Abschiebung zu retten. Werden Sie sich als neuer Wirtschaftskammerpräsident dafür einsetzen, dass gut integrierte Flüchtlinge über die Rot-Weiß-Rot-Karte bleiben können? – MAHRER: Als Unternehmensvertreter ist der Maßstab die Rechtsstaatlichkeit. Darauf muss ich mich als Unternehmer verlassen können. Das heißt in diesem Fall: Wenn es einen negativen Bescheid gibt, dann gibt es einen negativen Bescheid. Das m a g [sic] im Einzelfall sehr bitter sein, aber es gibt offenbar keinen Asylgrund. Um solche Situationen zu vermeiden, müssen die Verfahren verkürzt werden. Wenn jemand seine gesamte Ausbildung in Österreich macht, gut integriert ist und dann bekommt er einen negativen Asylbescheid, verstehe ich den Unmut. Aber man muss beide Seiten sehen. Ich verstehe auch jene, die sagen, man kann nicht die Rechtsstaatlichkeit mit einer Sonderausnahme umgehen. Dann müsste ich eine andere gesetzliche Grundlage schaffen." (Hervorhebung hinzugefügt)

Wer hindert daran, diese „andere gesetzliche Grundlage" zu initiieren? Wofür Mahrer „Rechtssicherheit" einfordert, das ist nicht als ewige Wahrheit „vom Himmel gefallen"; das ist von Menschen gemacht worden. Wieso Rechtssicherheit für etwas, das „Unmut" erregt? Wieso eine Rechtssicherheit, die mit Menschen umgeht, als wären sie irgendwelche Dinge? Mahrer blendet all diese Fragen aus, *versteckt* sich hinter der Gesetzeslage – a u f h ö c h s t   o b e r f l ä c h l i c h e   A r t   u n d   W e i s e . – Mehr noch: Mahrer ist nicht einmal fähig zu sagen, dass die Abschiebung „bitter"   i s t ; nein: Es m a g so sein!

E s   w i r d   d a r z u l e g e n   s e i n ,   d a s s   d i e   O b e r f l ä c h l i c h k e i t ,   d i e   i n   d e n   a n g e f ü h r t e n   B e i s p i e l e n   z u m   A u s d r u c k   k o m m t ,   n i c h t   b l o ß   ä r g e r l i c h   i s t ,   s o n d e r n   i n t e g r a l e r   B e s t a n d t e i l   e i n e s   K a l k ü l s ,   d e s s e n   N u t z n i e ß e r   n o c h   z u   b e n e n n e n   s e i n   w e r d e n .

4 Nietzsches Also sprach Zarathustra – Nietzsches Denken

Das anstehende Kapitel soll Nietzsches *Also sprach Zarathustra*[5] (zitiert als *Zarathustra*) seiner Gesinnung und dem Inhalt nach näherbringen. Zudem werden Inhalte aus Nietzsches Buch *Jenseits von Gut und Böse*[6] (zitiert als *Jenseits*) angeführt, das unmittelbar nach *Zarathustra* entstanden ist. In diesem Buch verbirgt sich Nietzsche nicht mehr hinter der Maske eines persischen Gelehrten, sodass sein Denken unvermittelt zum Ausdruck kommt. – Vorausgeschickt sei, dass in diesem Abschnitt ungewöhnlich umfangreich zitiert wird; der Grund hierfür ist: Nietzsches Ausführungen sind derart beklemmend, dass – ist man mit ihnen nicht bekannt – ein *sinngemäßes* Anführen leicht als *sinnentstellendes* Anführen aufgenommen werden könnte („Das kann so nicht dastehen!" mag – sollte – man sich sagen).

Worum es im *Zarathustra* geht, das macht Nietzsche zu Beginn seines Buches wie folgt deutlich:

„Ich [Zarathustra] lehre euch den Übermenschen. Der Mensch ist Etwas, das überwunden werden soll.| […] Der Übermensch ist der Sinn der Erde. Euer Wille sage: Der Übermensch *sei* der Sinn der Erde!" (S. 7)

„Der Mensch ist ein Seil, geknüpft zwischen Thier und Übermensch – ein Seil über einem Abgrunde. | Ein gefährliches Hinüber, ein gefährliches Auf-dem-Wege, ein gefährliches Zurückblicken, ein gefährliches Schaudern und Stehenbleiben. | Was groß ist am Menschen, das ist, dass er eine Brücke und kein Zweck ist: Was geliebt werden kann am Menschen, das ist, dass er ein *Übergang* und ein *Untergang* ist." (S. 8)

---

5 Nietzsche, F. 2017 [1891]: *Also sprach Zarathustra – ein Buch für Alle und Keinen* – Saillon
6 Nietzsche, F. 1886; siehe Fußnote 4

Der Inhalt von *Zarathustra* ist also: Der Mensch soll überwunden werden; *an sich* ist er „nicht liebenswert" bzw. ist er nur insofern liebenswert, als *seinem Untergang* der Übermensch erwächst: der „Sinn der Erde"!

Dieser Inhalt mag nun doch überraschen, vor allem in Hinsicht darauf, von wessen Persönlichkeit *Zarathustra* eines der Lebensbücher ist. Gerade aus diesem Grund wird man sich voreiliger Urteile enthalten: Der Mensch ist zweifellos kein „Engel" und vielleicht zielt Nietzsche ja hierauf ab. Lassen wir uns also darauf ein und blicken wir genauer auf die Argumentation in Nietzsches Werk.

In einer Hinsicht, sogar einer wesentlichen Hinsicht, wird man, durchsucht man das Buch nach Spuren danach, ein Fiasko erleben, nämlich bei der Suche nach *Begründungen*, die Nietzsche seinen Argumenten zugrunde legt. Hiermit gibt sich Nietzsche erst gar nicht ab, was er seinen Zarathustra wie folgt zum Ausdruck bringen lässt:

„Ich gehöre nicht zu Denen, welche man nach ihrem Warum fragen darf. | Ist denn mein Erleben von Gestern? Das ist lange her, dass ich die Gründe meiner Meinungen erlebte. | Müsste ich nicht ein Fass sein von Gedächtnis, wenn ich auch meine Gründe bei mir haben wollte?" (S. 83)

Nietzsche ist also kein „Fass": Er ist es in keinem seiner Werke. In *Jenseits* bietet er zumindest das Parsimonie-Prinzip auf, jenes Prinzip also, dem gemäß eine Begründung so sparsam wie möglich sein soll, da, was hierüber hinausgeht, die Begründung unterwandert, der Phantasie und der Einbringung vorausentschiedener Ansichten Tür und Tor öffnend. Hierfür folgendes Beispiel aus *Jenseits*:

„Die Physiologen sollten sich besinnen, den Selbsterhaltungstrieb als kardinalen Trieb eines organischen Wesens anzusetzen. Vor Allem will etwas Lebendiges seine Kraft *auslassen* – Leben selbst ist Wille zur Macht –: Die Selbsterhaltung ist nur eine der indirekten und häufigsten *Folgen* davon. – Kurz, hier wie überall, Vorsicht vor *überflüssigen* teleologischen Principien! – wie ein solches der Selbsterhaltungstrieb ist (man denkt ihn in der Inconsequenz Spinozas –). So nämlich gebietet es die Methode, die wesentlich Principien-Sparsamkeit sein muss." (S. 19)

Das ist nicht einmal die Karikatur einer Methode. Es überrascht daher auch nicht, wie Nietzsche in selbiger Schrift mit „wahr" umgeht:

„Ja, was zwingt uns überhaupt zur Annahme, dass es einen wesenhaften Gegensatz von ‚wahr' und ‚falsch' gibt? Genügt es nicht, Stufen der Scheinbarkeit anzunehmen und gleichsam hellere und dunklere Schatten und Gesamttöne des Scheins –, verschiedene valeurs, um die Sprache der Maler zu reden? Warum dürfte die Welt, *die uns etwas angeht*, nicht eine Fiktion sein? Und wer da fragt ‚aber zur Fiktion gehört ein Urheber?' – dürfte dem nicht rund geantwortet werden: *Warum?* Gehört dieses ‚Gehört' nicht vielleicht mit zur Fiktion? Ist es denn nicht erlaubt, gegen Subjekt wie gegen Prädikat und Objekt, nachgerade ein Wenig ironisch zu sein? Dürfte sich der Philosoph nicht über die Gläubigkeit an die Grammatik erheben? Alle Achtung vor den Gouvernanten: Aber wäre es nicht an der Zeit, dass die Philosophie dem Gouvernanten-Glauben absagte?" (S. 43)

In *Zarathustra* verdeutlicht (u. a.) folgende Stelle Nietzsches Geringachtung des begründenden Denkens:

„Hinter deinen Gedanken und Gefühlen, mein Bruder, steht ein mächtiger Gebieter, ein unbekannter Weiser – der heisst Selbst. In deinem Leibe wohnt er, dein Leib ist er. | Es ist mehr Vernunft in deinem Leibe als in deiner besten Weisheit. Und wer weiss denn, wozu dein Leib gerade deine beste Weisheit nöthig hat? | […] Der schaffende Leib schuf sich den Geist als eine Hand seines Willens." (S. 22)

Dem Leib soll also zugeordnet werden, was eigentlich dem Denken zuzuordnen ist. Bedient sich Nietzsche hier lediglich eines Tricks, um die kritische Rechtfertigung von etwas abzuweisen, das sich nicht rechtfertigen lässt? Alleine hiermit ist Nietzsches Vorgehensweise nicht erklärt: Der Verweis auf den Leib beinhaltet nicht nur eine Abwendung vom kritischen Denken, er beinhaltet zugleich eine Hinwendung zu *Instinktgeleitetheit*, deren große Bedeutung für Nietzsches Argumentation sich noch zeigen wird, insbesondere in Verflechtung mit „Wille zur Macht".

Dass Nietzsche hier an Instinktgeleitetheit denkt, lässt sich leicht zeigen. In *Jenseits* ist zu lesen:

„[…]: zum abermaligen Beweise dafür, dass der ‚Instinkt' unter allen Arten von Intelligenz, welche bisher entdeckt wurden, die intelligenteste ist." (S. 133)

Im Namen dieser „intelligentesten" „aller Arten von Intelligenz" fordert Nietzsche – im *Zarathustra* – geradezu zum „Stammeln" auf, wenn es gilt, die *eigenen* Tugenden („das Gute") zu rechtfertigen:

„Nun hast du ihren Namen mit dem Volke gemeinsam und bist Volk und Heerde geworden mit deiner Tugend! | Besser thätest du zu sagen: ‚Unaussprechbar ist und namenlos, was meiner Seele Qual und Süße macht und auch noch der Hunger meiner Eingeweide ist.' | Deine Tugend sei zu hoch für die Vertraulichkeit der Namen: und musst du von ihr reden, so schäme dich nicht, von ihr zu stammeln. | So sprich und stammle: ‚Das ist *mein* Gutes, das liebe ich, so gefällt es mir ganz, so allein will ich das Gute.'" (S. 23)

Hat man zunächst also meinen können, Nietzsche wendet sich gegen das be- und ergründende Denken einer gesellschaftlichen Elite, so zeigt sich nun: Er will hiervon *gar nichts* wissen. Die leibliche Intelligenz, das Stammeln, das Kein-Fass-Sein bezieht Nietzsche ja gerade n i c h t *auf eine gesellschaftliche Elite im Sinne der Gelehrten, überlegenen Unternehmer usw.*, die von dem Volk – der „Herde" – abgegrenzt wird. An welche Elite denkt Nietzsche aber? Auf jeden Fall an eine im Sinne der Ausrichtung auf *Wille zur Macht*. Aber, so ist weiter zu fragen, was soll hiermit konkret ausgesagt sein? Endlich erhebt sich die Frage: Was versteht Nietzsche unter *Volk* bzw. *Herde*?

Um willen der Beantwortung dieser Fragen ist zunächst zu klären, wie Nietzsche grundsätzlich den gegenwärtigen Menschen versteht bzw. welches Schicksal diesem bevorsteht, wenn er sich nicht Nietzsches „Lehre" anschließt, so er denn überhaupt hierzu fähig ist. Dieses Schicksal des gegenwärtigen Menschen ist der „letzte Mensch". Über diesen lässt sich Zarathustra in einer Rede wie folgt aus:

„‚Wir haben das Glück erfunden' – sagen die letzten Menschen und blinzeln. | Sie haben die Gegenden verlassen, wo es hart war zu leben: Denn man braucht Wärme. Man liebt noch den Nachbar und reibt sich an ihm: Denn man braucht Wärme. | Krankwerden und Misstrauenhaben gilt ihnen sündhaft: Man geht achtsam einher. [...] | Ein wenig Gift ab und zu: Das macht angenehme Träume. Und viel Gift zuletzt, zu einem angenehmen Sterben. | Man arbeitet noch, denn Arbeit ist eine Unterhaltung. Aber man sorgt, dass die Unterhaltung nicht angreife. | Man wird nicht mehr arm und reich: Beides ist zu beschwerlich. Wer will noch regieren? Wer noch gehorchen? Beides ist zu beschwerlich. | Kein Hirt und eine Herde! Jeder will das Gleiche, Jeder ist gleich: Wer anders fühlt, geht freiwillig ins Irrenhaus. | [...] Und hier endete die erste Rede Zarathustras, welche man auch ‚die Vorrede' heisst: Denn an dieser Stelle unterbrachen ihn das Geschrei und die Lust der Menge. ‚Gieb uns diesen letzten Menschen, oh Zarathustra –, so riefen sie – mache uns zu diesen letzten Menschen! So schenken wir dir den Übermenschen!' [...] Zarathustra aber wurde traurig und sagte zu seinem Herzen: | Sie verstehen mich nicht: Ich bin nicht der Mund für diese Ohren." (S. 10)

Zarathustra hat also den Menschen die Option „letzter Mensch" vorgestellt: Die Option eines *angenehmen, beschaulichen Lebens*, geprägt vom *Gleichheitsgedanken*. Annehmlichkeit, Beschaulichkeit usw., kann in der aktuellen Gesellschaft also *noch nicht* verwirklicht sein, da „die Menge" ansonsten nicht danach verlangen könnte. Zugleich muss Zarathustra davon überzeugt sein, dass sich die Gesellschaft in Richtung der Realisierung dieser Option bewegt, da er ansonsten nicht vor ihr warnen bräuchte. Die Menge – zumindest der Großteil der gegenwärtigen Menschen – versteht die Warnung aber gerade *nicht* als Warnung. Das lässt Zarathustra „traurig" werden, wiewohl nicht lange, denn schon wenig später ist zu lesen:

„Zu meinem [Zarathustras] Ziele [= der Übermensch] will ich, ich gehe meinen Gang; über die Zögernden und Saumseligen werde ich hinwegspringen. Also sei mein Gang ihr U n - t e r g a n g !" (S. 15; Hervorhebung hinzugefügt)

Angesichts hiervon wird nun die zweite Option, die Alternative zum „letzten Menschen", der Ü b e r m e n s c h , dargelegt:

„,Der Mensch ist böse' – so sprachen mir zum Troste alle Weisesten. Ach, wenn es heute nur noch wahr ist! Denn das Böse ist des Menschen beste Kraft. | ,Der Mensch muss besser und böser werden' – so lehre i c h . *Das Böseste ist nöthig zu des Übermenschen Bestem.* | [...] Ihr höheren Menschen, meint ihr, ich sei da, gut zu machen, was ihr schlecht machtet? | Oder ich wollte fürderhin euch Leidende bequemer betten? Oder euch Unstäten, Verirrten, Verkletterten neue leichtere Fussteige zeigen? | Nein! Nein! Drei Mal Nein! *Immer Mehr, immer Bessere eurer Art sollen zu Grunde gehen –, denn ihr sollt es immer schlimmer und härter haben.* – So allein | so allein wächst der Mensch in d i e Höhe, wo der Blitz ihn trifft und zerbricht: *hoch genug für den Blitz.* | Auf Weniges, auf Langes, auf Fernes geht mein Sinn und meine Sehnsucht: Was gienge mich euer kleines, vieles, kurzes Elend an! | Ihr leidet mir noch nicht genug!" (S. 192; kursiv gedruckte Hervorhebungen hinzugefügt)

Hier wird nichts weniger als ein „angenehmes Leben" als Ideal dargestellt: Das Ideal liege im U n t e r g a n g . Nietzsche sieht hierin tatsächlich das Ideal: „Das Böseste ist nöthig zu des Übermenschen Bestem!" Der in dem Zitat angesprochene „höhere Mensch" müsse nicht schon der Übermensch sein; zumindest müsse er aber einer sein, der mit Zarathustra „über die Brücke" geht; der den Pöbel, der den „letzten Menschen" will, hinter sich zurücklässt, sich von ihm trennt.

Zarathustra, also Nietzsche, gibt nun dem Übermenschen bzw. dem „höheren Menschen" Ratschläge mit auf dem Weg in den Untergang:

„Ihr höheren Menschen, Diess lernt von mir: Auf dem Markt glaubt Niemand an höhere Menschen. Und wollt ihr dort reden, wohlan! Der Pöbel aber blinzelt: ,Wir sind Alle gleich.' | [...] ,wir sind Alle gleich, Mensch ist Mensch, vor Gott – sind wir Alle gleich!' | Vor Gott! – Nun aber starb dieser Gott. Vor dem

Pöbel aber wollen wir nicht gleich sein. Ihr höheren Menschen, geht weg vom Markt." (S. 190)

„Geht weg vom Markt", „geht weg vom Pöbel"! In diesem Sinne ist auch folgender Hinweis Zarathustras – Nietzsches – gestaltet:

„Habt heute ein gutes Misstrauen, ihr höheren Menschen, ihr Beherzten! Ihr Offenherzigen! Und haltet eure Gründe geheim! Diess Heute nämlich ist des Pöbels." (S. 193)

„Diess Heute nämlich ist des Pöbels"! So viel hat sich bereits gezeigt: Was den heutigen Menschen Pöbel sein lässt, das ist seine Begeisterungsfähigkeit für „Wir sind alle *gleich*". In dieser Gleichheitsvorstellung – Gleichheitswahn, wie mit Nietzsche wohl zu sagen ist – kann das Heute aber noch nicht endgültig versunken sein; es ist die *Option* gemäß „letzter Mensch".

Was aber verbindet Nietzsche konkret mit *Pöbel*? Was soll der Pöbel konkret an sich haben, das Nietzsche/Zarathustra dazu herausfordert, den „höheren Menschen" derart eindringlich vor diesem zu warnen?

Zweifellos muss *Pöbel*, so ergibt sich aus dem Zitat zum *angenehmen Leben* der „letzten Menschen", etwas mit trauter Vergesellschaftung zu tun haben – als dem Gegenteil zum Lebensideal der Übermenschen; Nietzsche hat es ja „dahergestammelt": „Das ist *unser* Gutes" ist bereits „Verherdung". Aus der Betrachtung hiervon sollte sich der Weg zur Charakterisierung des Pöbels ableiten lassen. Wenig überraschend wird man diesbezüglich auch fündig, wobei Nietzsche seine diesbezüglichen Aussagen erneut mit einem Rat an die „höheren Menschen" verknüpft.

„Wo die Einsamkeit aufhört, da beginnt der Markt; und wo der Markt beginnt, da beginnt auch der Lärm der grossen Schauspieler und das Geschwirr der giftigen Fliegen. | [...] Fliehe, mein Freund, in deine Einsamkeit: Ich sehe dich von giftigen Fliegen zerstochen. Fliehe dorthin, wo rauhe, starke Luft weht! | Fliehe in deine Einsamkeit! Du lebtest den Kleinen und Erbärmlichen zu nahe. Fliehe vor ihrer unsichtbaren Rache! Gegen dich sind sie Nichts als Rache. | Hebe nicht mehr den Arm gegen sie! Unzählbar sind sie, und es ist nicht dein Loos, Fliegenwedel zu sein." (S. 33f.)

„Ihr drängt euch um den nächsten und habt schöne Worte dafür. Aber ich sage euch: Eure Nächstenliebe ist eure schlechte Liebe zu euch selber. | Ihr flüchtet zum Nächsten vor euch selber und möchtet euch daraus eine Tugend machen: Aber ich durchschaue euer ‚Selbstloses'. | […] Rathe ich euch zur Nächstenliebe? Lieber noch rathe ich euch zur Nächsten-Flucht und zur Fernsten-Liebe." (S. 39)

Im *einsamen Leben* – bis man vom „Blitz getroffen" wird – liegt also das Ideal; jenes Ideal, das die „Kleinen und Erbärmlichen" – eben der Pöbel – nicht begreifen und zur Fiktion *Nächstenliebe* Zuflucht nehmen lasse.

Nietzsche begreift also *Tugend* alleine im Blick auf das eigene Ich; konkret: d e n   e i g e n e n   L e i b :

„Mein Bruder, wenn du eine Tugend hast und es deine Tugend ist, so hast du sie mit Niemandem gemeinsam. | Freilich, du willst sie bei Namen nennen und liebkosen; du willst sie am Ohre zupfen und Kurzweil mit ihr treiben. | Und siehe! Nun hast du ihren Namen mit dem Volke gemeinsam und bist Volk und Heerde geworden mit deiner Tugend." (S. 22f.)

Dieserart verstrickt sich also der heutige Mensch (so er nicht potenziell den „höheren Menschen" angehört) in Übel, meint dies aber maskieren zu können (z. B. mittels „Nächstenliebe"). Dieser Irrtum wird im Schritt zum „letzten Menschen" noch gesteigert. Woran Nietzsche hierbei *auch* denkt, zeigt sich wie folgt:

„Der Krieg und der Muth haben mehr grosse Dinge gethan als die Nächstenliebe. Nicht euer Mitleiden, sondern eure Tapferkeit rettete bisher die Verunglückten. | […] Eure Vornehmheit sei ‚Gehorsam', Euer Befehlen selber sei ein Gehorchen. | Einem guten Kriegsmanne klingt ‚du sollst' angenehmer, als ‚ich will'. Und alles, was euch lieb ist, sollt ihr euch erst noch befehlen lassen." (S. 31)

Der höhere Mensch – denn an ihn wendet sich Nietzsche hier – ist also K r i e g s m a n n und als solcher von „d u   s o l l s t" beseelt. Erinnern wir uns: „Hinter deinen Gedanken und Gefühlen, mein Bruder, steht ein mächtiger Gebieter, ein unbekannter Weiser – der heisst Selbst." Nietzsche löst also das Ich („Ich will") auf, von dem „d u   s o l l s t" „stammelnd": Das „Selbst" – der Kriegsmann – kann hierbei nicht jenes sein, das dieses „Du" ausspricht; der „Kriegsmann" müsste sich selbst mit „du" anreden; dergleichen „stammelt" nicht einmal Nietzsche. Da Nietzsche kein „Fass" ist, wie wir bereits erfahren haben, erklärt er aber nicht, w e r dieses „Du" ausspricht; dergleichen sich zu erwarten würde nur zeigen, sich einem pöbelhaften Gelehrtentum anvertrauen zu wollen.

Nachdem aber ohnedies der Instinkt die „höchste Intelligenz" sein solle, müsse eine mystisch entrückte Vorstellung von dem ansonsten unbekannt bleibenden Sprecher hinreichen, um jeden Zweifel an der Sinnerfülltheit der zitierten Ausführungen zu beseitigen.

Aber auch der Staat erweist sich als Ausdruck des Bösen, da er niemals zum Übermenschen und seiner Einsamkeit führen könne:

„Viel zu Viele werden geboren: Für die Überflüssigen ward der Staat erfunden! | Seht mir doch, wie er sie an sich lockt, die Viel-zu-Vielen! Wie er sie schlingt und kaut und wiederkäut. | Seht mir doch diese Überflüssigen! Reichthümer erwerben sie und werden ärmer damit. Macht wollen sie und zuerst das Brecheisen der Macht, viel Geld –, diese Unvermögenden. | S e h t , s i e   k l e t t e r n , d i e s e   g e s c h w i n d e n   A f f e n ! Sie klettern übereinander hinweg und zerren sich also in den Schlamm und in die Tiefe [...] | Dort, wo der Staat *aufhört* –, so seht mir doch hin, meine Brüder! Seht ihr ihn nicht, den Regenbogen und die Brücken des Übermenschen?" (S. 32f.; gesperrt gedruckte Hervorhebung hinzugefügt)

Wer sind die *Viel-zu-Vielen*, die *Überflüssigen*? Wollte man darauf antworten: der Pöbel, so wäre die Antwort wohl nicht falsch. Gewonnen wäre mit dieser Antwort aber kaum etwas. Bisher hat Nietzsche den Pöbel nämlich als den Haufen jener Menschen dargestellt, die um ein angenehmes Leben als gleichwertige Menschen bemüht seien. Nun spricht er aber von Menschen, denen es um „Reichtum" und „Macht" gehe und die zur Erlangung ihrer Ziele „wie die Affen herumklettern".

Die Macht, an die diese „Überflüssigen" denken, kann unmöglich jene sein, an die Nietzsche im Namen seiner *Übermenschen* denkt: Jene versuchen ja, ihre Macht *innerhalb* des Staates, also innerhalb einer Gemeinschaft, zu entwickeln, mag diese nun noch so wenig oder noch so viel von „nachbarlicher Wärme" durchdrungen sein. – Daher auch lässt Nietzsche die „Überflüssigen" wie die *Affen* herumklettern: S i e   h a b e n   n i c h t   v e r s t a n d e n ,   w o r a u f   e s   i n   p u n c t o   „ W i l l e "   a n k o m m t .

Überspitzt formuliert: Sie klettern wie die Affen, um an Geld zu gelangen, anstatt – wie der Übermensch – zu „stammeln" und „dem Blitz entgegenzuwachsen". Sie, die „letzten Menschen", hängen hierfür viel zu sehr am *Dasein*. Nietzsche bringt dies auch wie folgt zum Ausdruck, *Wille zur Macht* konkretisierend:

„Wo ich Lebendiges fand, da fand ich Willen zur Macht; und noch im Willen des Dienenden fand ich den Willen, Herr zu sein. | Dass dem Stärkeren diene das Schwächere, dazu überredet es sein Wille, der über noch Schwächeres Herr sein will: Dieser Lust allein mag es nicht entrathen. | [...] Der traf freilich die Wahrheit nicht, der das Wort nach ihr schoss vom ‚Willen zum Dasein': diesen Willen – giebt es nicht. | Denn: Was nicht ist, das kann nicht wollen; was aber im Dasein ist, wie könnte das noch zum Dasein wollen! | N u r   w o   L e b e n   i s t ,   d a   i s t   a u c h   W i l l e :   a b e r   n i c h t   W i l l e   z u m   L e b e n ,   s o n d e r n   –   s o   l e h r e   i c h ' s   d i c h   –   W i l l e   z u r   M a c h t ." (S. 74f.; Hervorhebung hinzugefügt)

Was ist es also, das Nietzsche im *Zarathustra* „lehrt"? Zweifellos sieht Nietzsche die Notwendigkeit, die gegenwärtige Gesellschaft ü b e r k o m m e n zu müssen. Aber nur wenigen einer Elite soll es vorbehalten sein, zu der anzustrebenden Gesellschaftsform (wobei dieser Begriff insofern falsch ist, als der *Haufen* „Übermenschen" ja gerade k e i n e Gesellschaft sein soll) vordringen zu können. Diese neue Gesellschaft ist geprägt von j e g l i c h e r Abkehr von einem Wir-Verständnis, Solidarität und Nächstenliebe; dergleichen sollen Lug und Trug sein. Dergleichen sind auch die materialen Werte der gegenwärtigen Gesellschaft, z. B. Reichtum bzw. – konkreter – Reichtum in Verbindung mit Macht.

In *diesem* Verständnis von Macht, so Nietzsche, trete selbige in Verknüpfung mit *Wille zum Dasein* auf, was einer Pervertierung von Macht gleichkommen solle. Hiervon ist auch dahingehend zu sprechen, dass dieser Vorstellung von Wille ein *rationales* Moment einwohnt, eben der *durchdachte* Zugang zu Geld (das braucht noch nicht am äffischen Herumklettern zu hindern!). Der Wille des Übermenschen ist hiervon vollständig frei: Er hat sich einem vollständig mystischen, nihilistischen Ideal verschrieben, dessen Zenit der *gewaltige* Untergang ist (Blitzschlag!).

In anderen Worten: Der Egoismus in der gegenwärtigen Gesellschaft, der Wille zur Macht *in* der Gesellschaft usw. werden von Nietzsche keineswegs in Abrede gestellt. Im Gegenteil, die jetzige Gesellschaft verdiene den Untergang, da sie, wovon hiermit die Rede ist, halbherzig lebe; aus Angst vor der eigenen Courage das Sicherheitsnetz Mitleid, Solidarität, Nächstenliebe usw. aufgespannt hält; freilich ohne Egoismus usw. vollständig zu unterwandern. Im Sinne hiervon ist es auch zu verstehen, dass der Untergang des Pöbels keinesfalls das *großartige* Schauspiel ist, das der Untergang eines Übermenschen bedeutet: Der Übermensch wachse dem Untergang entgegen, der Pöbel trotte herdenmäßig auf selbigen zu.

Angesichts hiervon sollen nun einige Ausführungen in *Jenseits* angemerkt werden, in denen das im *Zarathustra* transportierte Gedankengut deutlicher zum Ausdruck kommt. Worauf wir uns hiermit einlassen, signalisiert folgender Satz:

„Wo das Volk isst und trinkt, selbst wo es verehrt, da pflegt es zu stinken. Man soll nicht in Kirchen gehn, wenn man *reine* Luft athmen will." (S. 39)

Zunächst gilt es den Zusammenhang von *Zarathustra* und *Jenseits* zu verdeutlichen, konkret anhand Nietzsches Ausführungen zum Thema *Herdenmensch und Übermensch* einerseits und *Wille zur Macht* andererseits. Zu jenem Thema ist zu lesen:

„Sie gehören, kurz und schlimm, unter die Nivellirer, diese fälschlich genannten ‚freien Geister' – als beredte und schreibfingrige Sklaven des demokratischen Geschmacks und seiner ‚modernen Ideen': [...] Was sie mit allen Kräften erstreben möchten, ist das allgemeine grüne Weide-Glück der Heerde, mit Sicherheit, Ungefährlichkeit, Behagen, Erleichterung des Lebens für Jedermann; ihre beiden am reichlichsten abgesungenen Lieder und Lehren heißen ‚Gleichheit der Rechte' und ‚Mitgefühl für alles Leidende' –, und das Leiden selbst wird von ihnen als etwas genommen, das man *abschaffen* muss." (S. 50f.)

Zudem ist zum „Herdenmenschen" zu lesen:

„[...] ein solcher Mensch der späten Culturen und der gebrochenen Lichter wird durchschnittlich ein schwächerer Mensch sein: Sein gründlichstes Verlangen geht darnach, dass der Krieg, der er *ist*, einmal ein Ende habe: Das Glück erscheint ihm, in Übereinstimmung mit einer beruhigenden (z. B. epikurischen oder christlichen) Medizin und Denkweise, vornehmlich als das Glück des Ausruhens, der Ungestörtheit, der Sattheit, der endlichen Einheit, als ‚Sabbat der Sabbate', um mit dem heiligen Rhetor Augustin zu reden, der selbst ein solcher Mensch war." (S. 103)

Die Übereinstimmung mit den entsprechenden Ausführungen im *Zarathustra* braucht nicht eigens herausgearbeitet zu werden.

Zum *Übermenschen* hält Nietzsche in *Jenseits* fest:

„Wir Umgekehrten, die wir uns ein Auge und ein Gewissen für die Frage aufgemacht haben, wo und wie bisher die Pflanze ‚Mensch' am kräftigsten in die Höhe gewachsen ist, vermeinen, dass dies jedes Mal unter den umgekehrten Bedingungen geschehn ist, dass dazu die Gefährlichkeit seiner Lage erst in's Ungeheure wachsen, seine Erfindungs- und Verstellungskraft (sein ‚Geist') unter langem Druck und Zwang sich in's Feine und Verwegene entwickeln, sein Lebens-Wille bis zum unbedingten Macht-Willen gesteigert werden musste: – wir vermeinen, dass Härte, Grausamkeit, Sklaverei, Gefahr auf der Gasse und im Herzen, Verborgenheit, Stoizismus, Versucherkunst und Teufelei jeder Art, dass alles Böse, Furchtbare, Tyrannische, Raubtier- und Schlangenhafte am Menschen so gut zur Erhöhung der Species ‚Mensch' dient, als sein Gegensatz: [...]." (S. 51)

Auch in diesem Fall gilt, dass die Übereinstimmung mit den Ausführungen im *Zarathustra* nicht eigens dargelegt werden muss.

Das gilt auch für Nietzsches Feststellung zu *Wille zur Macht* in *Jenseits*:

„[…]: genug, man muss die Hypothese wagen, ob nicht überall, wo ‚Wirkungen' anerkannt werden, Wille auf Wille wirkt – und ob nicht alles mechanische Geschehen, insofern eine Kraft darin thätig wird, eben Willenskraft, Willens-Wirkung ist. – Gesetzt endlich, dass es gelänge, unser gesamtes Triebleben als die Ausgestaltung und Verzweigung Einer Grundform des Willens zu erklären – nämlich des Willens zur Macht, wie es *mein* Satz ist –; gesetzt, dass man alle organischen Funktionen auf diesen Willen zur Macht zurückführen könnte und in ihm auch die Lösung des Problems der Zeugung und Ernährung – es ist Ein Problem – fände, so hätte man damit sich das Recht verschafft, *alle* wirkende Kraft eindeutig zu bestimmen als: *Wille zur Macht*. Die Welt von innen gesehen, die Welt auf ihren ‚intelligiblen Charakter' hin bestimmt und bezeichnet – sie wäre eben ‚Wille zur Macht' und nichts ausserdem." (S. 45)

Deutlicher als im *Zarathustra* äußert sich Nietzsche nun zum Thema der Auswahl jener, die der Herde zu entreißen und über die „Brücke" zu führen sind:

„Für jede hohe Welt muss man geboren sein; deutlicher gesagt, man muss für sie gezüchtet sein: Ein Recht auf Philosophie – das Wort im grossen Sinne genommen – hat man nur dank seiner Abkunft, die Vorfahren, das ‚Geblüt' entscheidet auch hier." (S. 130)

Was dieser Züchtung im Wege steht bzw. wogegen angezüchtet wird, das nennt Nietzsche beim Namen: S o z i a l i s m u s , D e m o k r a t i e u n d p o s i t i v e R e l i g i o n . Bezüglich des Sozialismus gelangt Nietzsche zu folgenden Vorstellungen:

„[…] anscheinend im Gegensatz zu den friedlich-arbeitsamen Demokraten und Revolutions-Ideologen, noch mehr zu den tölpelhaften Philosophastern und Bruderschafts-Schwärmern, welche sich Socialisten nennen und die ‚freie Gesellschaft' wollen, in Wahrheit aber Eins mit ihnen Allen in der gründlichen und instinktiven Feindseligkeit gegen jede andre Gesellschafts-Form als die der *autonomen* Heerde (bis hinaus zur Ablehnung selbst der Begriffe ‚Herr' und ‚Knecht' – […]." (S. 107)

„Die Gesamt-Entartung des Menschen, hinab bis zu dem, was heute den socialistischen Tölpeln und Flachköpfen als ihr ‚Mensch der Zukunft' erscheint –, als ihr Ideal! – diese Entartung und Verkleinerung des Menschen zum vollkommenen Heerdenthiere (oder, wie sie sagen, zum Menschen der ‚freien Gesellschaft'), diese Verthierung des Menschen zum Zwergthiere der gleichen Rechte und Ansprüche ist *möglich*, es ist kein Zweifel! Wer diese Möglichkeit einmal bis zu Ende gedacht hat, kennt einen Ekel mehr als die übrigen Menschen – u n d v i e l l e i c h t a u c h e i n e n e u e A u f g a b e !" (S. 110; gesperrt gedruckte Hervorhebung hinzugefügt)

Zusätzlich sei eine Aussage aus Nietzsches *Antichrist* aufgenommen, zitiert aus Lukács' Buch *Von Nietzsche zu Hitler*:

„‚Wen hasse ich', sagt Nietzsche im *Antichrist*, ‚unter dem Gesindel von Heute am besten? Das Sozialisten-Gesindel, die Tschandala-Apostel, die den Instinkt, die Lust, das Genügsamkeits-Gefühl des Arbeiters untergraben –, die ihn neidisch machen, die ihn Rache lehren [...]. Das Unrecht liegt niemals in ungleichen Rechten, es liegt im Anspruch auf *gleiche* Rechte [...].' (S. 303)" (S. 50)

Sosehr Nietzsche also seine Ausführungen in mystischer Unergründlichkeit verortet, sich jeder Notwendigkeit einer Begründung seiner Ansichten enthoben wähnend, so sehr zeigen die nun gegebenen Zitate, dass diese Mystik fest verknotet ist mit der Welt, wie sie Nicht-Übermenschen erscheint: Fernab jeglicher Mystik greift Nietzsche ja ganz konkret die Sozialisten an, die „Bruderschaftsschwärmer", „Tölpel" und „Flachköpfe", einfach jene, die er „am meisten hasst". Was Nietzsche an den Sozialisten so sehr „hasst", das ist ihre Gleichheits- und i h r e Freiheits-Vorstellung, ihr Hang zum „Nivellieren", also zur Unterdrückung jeglichen Höher-Seins, i n d e m s i c h e r s t d i e F r e i h e i t e r f ü l l e n k ö n n e n s o l l e .

Diese, der Mystik entkleidete Seite der Argumentation Nietzsches, kommt allerdings bekannt vor: Sie – nicht das mystische Getue – wird auch von Protagonisten der Marktgesellschaft vorgetragen; die Unterschiede betreffen primär die Wortwahl. Das von diesen Protagonisten gezeichnete Bild vom Sozialismus, als einer die wirtschaftliche Eigenverantwortung und Kraft *zersetzenden* Ideologie, die auf Gleichheit abzielt, da jene Eigenverantwortung und Kraft lediglich als Verlierer produzierende gesellschaftliche Fehlentwicklung verstanden werden können soll, m u s s b e k a n n t s e i n . In Kapitel 6 wird hierauf zurückzukommen sein. Zunächst genügt es, die Übereinstimmung Nietzsches mit besagten Protagonisten festhalten zu können.

Sogleich ist aber darzulegen, dass im Lichte dieser Übereinstimmung zwischen der Argumentation Nietzsches und jener der Protagonisten der Marktgesellschaft der Unterschied zwischen beiden nicht übersehen werden darf. Somit erhebt sich die Frage: Worin besteht der Unterschied *konkret*? A u f d i e g e h a l t v o l l e B e a n t w o r t u n g d i e s e r F r a g e w i r d e s a n k o m m e n .

Schon hier ist in diesem Zusammenhang festzuhalten, dass Nietzsche, wie ausgeführt, in der gegenwärtigen Gesellschaft, die nicht jene des „letzten Menschen" ist (!), sehr wohl Menschen am Werke sieht, deren Vorgehensweise vom Willen geprägt ist und die „sozialistischem" Mitleid dementsprechend reserviert gegenüberstehen. Diese Menschen gehen aber, so Nietzsche, hoffnungslos i n k o n s e q u e n t vor: Aus ebendiesem Grund verfehlen sie die „Brücke" zum Übermenschen, verbleiben in der Gemeinschaft und müssen in ihrer Gier nach Geld wie die „Affen herumklettern".

In anderen Worten: Indem sie sich *nicht hinreichend* bewusst werden, eine *höhere Art* von Mensch zu sein, bzw. ist dieses Bewusstsein doch gegeben, sich aber nicht getrauen, rücksichtslos ihre Einsicht in die Rangordnung innerhalb der Menschheit gesellschaftliche Relevanz zu verschaffen, unterwandern sie ihr eigenes Bemühen; die Konsequenz hiervon ist der diese Rangordnung (mehr oder weniger) *auflösende* „letzte Mensch". S i e s i n d a l s o n i c h t „ H e r r " g e n u g , d i e D r o h u n g (= „ u n d v i e l l e i c h t a u c h e i n e n e u e A u f g a b e ! ") , d i e i n e i n e m d e r o b i g e n Z i t a t e a u s g e s p r o c h e n i s t , i n d i e T a t u m z u s e t z e n .

Die gegenwärtigen „Feinde" der sozialistischen Nivellierer sind also zumindest größtenteils nicht „Herr" genug, um dem Übel *Sozialismus* ein Ende zu bereiten; s i e s i n d z u f e i g e. Bei Nietzsche liest sich dies in *Jenseits* auch wie folgt:

„Der vornehme Mensch trennt die Wesen von sich ab, an denen das Gegenteil solcher gehobener stolzer Zustände zum Ausdruck kommt: Er verachtet sie. Man bemerke sofort, dass in dieser ersten Art Moral der Gegensatz ‚gut' und ‚schlecht' so viel bedeutet wie ‚vornehm' und ‚verächtlich': Der Gegensatz ‚gut' und *‚böse'* ist anderer Herkunft. Verachtet wird der Feige, der Ängstliche, der Kleinliche, der an die e n g e N ü t z l i c h k e i t Denkende [...]." (S. 186f.; Hervorhebung hinzugefügt)

Diese *Nützlichkeit* ist somit auch jene des vor Blitzen zurückscheuenden Unternehmers! Hierher gehört zudem:

„Sehen wir genauer zu: Was ist der wissenschaftliche Mensch? Zunächst eine unvornehme Art Mensch, mit den Tugenden einer unvornehmen, das heisst nicht herrschenden, nicht autoritativen und auch nicht selbst-genügsamen Art Mensch: Er hat Arbeitsamkeit, geduldige Einordnung in Reih und Glied, Gleichmässigkeit und Maass im Können und Bedürfen [...]." (S. 115)

Nietzsche verachtet also nicht alleine die Sozialisten, seine Verachtung gilt auch dem Unternehmer der gegenwärtigen Gesellschaft: Als Unternehmer sollte er (wiewohl nicht alleine er) insbesondere darauf bedacht sein, dass die Rangordnung in der Gesellschaft strikte Beachtung findet – zur Auflösung der Gesellschaft beitragend. Die Unternehmer der gegenwärtigen Gesellschaft zielen zwar hierauf ab, wiewohl halbherzig; sie seien nicht entschlossen genug, sie seien nicht „Bestie". S i e s e i e n z w a r m a c h t b e s e e l t, n e h m e n s i c h a b e r d i e F r e i h e i t, i h r e M a c h t i n R e i c h t u m z u m A u s d r u c k k o m m e n z u l a s s e n, a n s t a t t d e m „ B l i t z e n t g e g e n z u w a c h s e n ".

Keinesfalls darf übersehen werden, gerade da Nietzsches Denken zumindest in *Analogie* – so sei *zunächst* vorsichtig formuliert – zu jenem der Protagonisten der Marktgesellschaft betrachtet werden soll, dass Nietzsche auch eine Konstruktion bietet, die an Adam

Smiths *invisible hand*-Konstruktion gemahnt. Also an jene Konstruktion, der gemäß gesellschaftliche Wohlfahrt aus dem Egoismus der Gesellschaftsteilnehmer erwächst; Egoismus schlägt also in Wohlfahrt um; somit sind gesellschaftliche Bemühungen um die Wohlfahrt abseits des wirtschaftlichen Egoismus (diesen regulierend) schlicht überflüssig.

Bevor die entsprechende Formulierung Nietzsches gelesen werden soll, ist es mir wichtig, das gebrachte „gemahnt an" zu konkretisieren: Was Nietzsche in Parallelität zu Smith bringt, bedeutet eine P e r v e r t i e r u n g dessen, was Smith aussagt.

Die entsprechende Formulierung Nietzsches lautet:

„Alles, was sie an sich kennt, ehrt sie: Eine solche Moral ist Selbstverherrlichung. Im Vordergrund steht das Gefühl der Fülle, der Macht, die überströmen will, das Glück der hohen Spannung, das Bewusstsein eines Reichthums, der schenken und abgeben möchte: – auch der vornehme Mensch hilft dem Unglücklichen, aber nicht oder fast nicht aus Mitleid, sondern mehr aus einem Drang, den der Überfluss von Macht erzeugt. Der vornehme Mensch ehrt in sich den Mächtigen, auch Den, welcher Macht über sich selbst hat, der zu reden und zu schweigen versteht, der mit Lust Strenge und Härte gegen sich übt und Ehrerbietung vor allem Strengen und Harten hat. ‚Ein hartes Herz legt Wotan mir in die Brust', heisst es in einer alten skandinavischen Saga: So ist es aus der Seele eines stolzen Wikingers heraus mit Recht gedichtet. Eine solche Art Mensch ist eben stolz darauf, *nicht* zum Mitleiden gemacht zu sein: weshalb der Held der Saga warnend hinzufügt: ‚Wer jung schon kein hartes Herz hat, dem wird es niemals hart.'" (S. 187f.)

Angesichts hiervon ist festzuhalten: Zuvor ist die Frage aufgeworfen worden, worin konkret die Übereinstimmungen und Unterschiede zwischen Nietzsche und den Protagonisten der gegenwärtigen Marktgesellschaft liegen. Die seither gebrachten Zitate verdichten zumindest, aus welchen Inhalten sich diese Frage ergibt. D i e B e a n t w o r t u n g s e l b s t s t e h t n o c h a u s .

Es muss im Dienste der Beantwortung der aufgeworfenen Frage sein, Nietzsches „mystisches" Denken dem Denken der positiven Religionen entgegenzuhalten bzw. beide auseinanderhalten zu können. Die Betrachtung hiervon sei mit einer Aussage Nietzsches begonnen, die bereits signalisiert, dass seine Meinung von den positiven Religionen in etwa jener entspricht, die er dem Sozialismus zuteilwerden lässt, haben sie – die positiven Religionen – es doch dahin gebracht, von der Demokratie beerbt zu werden:

„[…] – ja mit Hülfe einer Religion, welche den sublimsten Heerdenthier-Begierden zu Willen war und schmeichelte, ist es dahin gekommen, dass wir selbst in den politischen und gesellschaftlichen Einrichtungen einen immer sichtbareren Ausdruck dieser Moral finden: Die *demokratische* Bewegung macht die Erbschaft der christlichen." (S. 107)

Damit ist die Brücke gegeben zu Nietzsches Vorstellungen von der positiven Religion. Einem seiner Ausfälle gegen diese lässt er folgende – für sich schon bemerkenswerten – Ausführungen vorangehen:

„Es giebt bei dem Menschen wie bei jeder anderen Thierart einen Überschuss von Missrathenen, Kranken, Entartenden, Gebrechlichen, nothwendig Leidenden; die gelungenen Fälle sind auch beim Menschen immer die Ausnahme und sogar in Hinsicht darauf, dass der Mensch das *noch nicht festgestellte Thier* ist, die spärliche Ausnahme. Aber noch schlimmer: Je höher geartet der Typus eines Menschen ist, der durch ihn dargestellt wird, umso mehr steigt noch die Unwahrscheinlichkeit, dass er *geräth*: Das Zufällige, das Gesetz des Unsinns im gesamten Haushalte der Menschheit zeigt sich am erschrecklichsten in seiner zerstörerischen Wirkung auf die höheren Menschen, deren Lebensbedingungen fein, vielfach und schwer auszurechnen sind." (S. 68f.)

Wie, so fragt sich Nietzsche nun, gehen die positiven Religionen hiermit um:

„Wie verhalten sich nun die beiden genannten größten Religionen zu diesem *Überschuss* der misslungenen Fälle? Sie suchen zu erhalten, im Leben festzuhalten, was sich nur irgend halten lässt, ja sie nehmen grundsätzlich für sie Partei, als Religionen *für Leidende* […] Möchte man diese schonende und erhaltende Fürsorge, insofern sie neben allen anderen auch dem höchsten, bisher fast immer auch leidensten Typus des Menschen gilt und galt, noch so hoch anschlagen: In der Gesamt-Abrechnung gehören die bisherigen, nämlich *souveränen* Religionen zu den Hauptursachen, welche den Typus ‚Mensch' auf einer niedrigeren Stufe festhielten –, sie erhielten zu viel von dem, was zu Grunde gehn sollte. […] was mussten sie ausserdem thun, um mit gutem Gewissen dergestalt grundsätzlich an der Erhaltung alles Kranken und Leidenden, das heisst in That und Wahrheit an der *Verschlechterung der europäischen Rasse* zu arbeiten? Alle Werthschätzungen auf den Kopf stellen – *das* mussten sie! Und die Starken zerbrechen, die grossen Hoffnungen ankränkeln, das Glück in der Schönheit verdächtigen, alles Selbstherrliche, Männliche, Erobernde, Herrschsüchtige, alle Instinkte, welche dem höchsten und wohlgerathensten Typus ‚Mensch' zu eigen sind, in Unsicherheit, Gewissensnoth, Selbstzerstörung umknicken, ja die ganze Liebe zum Irdischen und zur Herrschaft über die Erde in Hass gegen die Erde und das Irdische verkehren – […]" (S. 69f.)

Hierauf folgt die Conclusio:

„Ich wollte sagen: Das Christenthum war bisher die verhängnissvollste Art von Selbst-Überhebung. Menschen, nicht hoch und hart genug, um *am Menschen* als Künstler gestalten zu dürfen; Menschen, nicht stark und fernsichtig genug, um, mit einer erhabenen Selbst-Bezwingung, das Vordergrund-Gesetz des tausendfältigen Missrathens und Zugrundegehns walten zu *lassen*; Menschen, nicht vornehm genug, um die abgründlich verschiedene Rangordnung und Rangkluft zwischen Mensch und Mensch zu sehen: – *solche* Menschen haben mit ihrem ‚Gleich vor Gott' bisher über dem Schicksale Europas gewaltet, bis endlich eine verkleinerte, fast lächerliche Art, ein Heerdenthier, etwas Gutwilliges, Kränkliches und Mittelmässiges, herangezüchtet ist, der heutige Europäer …" (S. 70f.)

Nietzsche wirft also Sozialismus u n d Christentum – bzw. die beiden „grössten Religionen" – in einen Topf: Sie verpöbeln die Gesellschaft, nivellieren, protegieren das Mittelmaß, schaffen die Herde der „Zwergthiere" usw. Sie erkennen übereinstimmend nicht die Rangordnung innerhalb der Gesellschaft an, sind nicht „hoch", „hart", „stark" und „fernsichtig" genug, das „Vordergrund-Gesetz des tausendfältigen Missrathens und Zugrundegehns walten zu lassen".

Hieraus ergibt sich unmittelbar, an welche Alternative Nietzsche im Sinne seines Übermenschen denkt. Zunächst ist es Nietzsches Anliegen, dem falschen Mitleid der Gegenwart – im Sinne Nietzsches – das richtig verstandene Mitleid entgegenzuhalten:

„[…], das ist freilich nicht das Mitleiden, wie ihr es meint: Das ist nicht Mitleiden mit der socialen ‚Noth', mit der ‚Gesellschaft' und ihren Kranken und Verunglückten, mit Lasterhaften und Zerbrochnen von Anbeginn, wie sie rings um uns zu Boden liegen; das ist noch weniger Mitleiden mit murrenden gedrückten aufrührerischen Sklaven-Schichten, welche nach Herrschaft – sie nennen's ‚Freiheit' – trachten. *Unser* Mitleid ist ein höheres fernsichtigeres Mitleiden: – wir sehen, wie *der Mensch* sich verkleinert, wie ihr ihn verkleinert! – und es giebt Augenblicke, wo wir gerade *eurem* Mitleiden mit einer unbeschreiblichen Beängstigung zusehn, wo wir uns gegen dies Mitleiden wehren –, wo wir euren Ernst gefährlicher als irgendwelche Leichtfertigkeit finden. Ihr wollt womöglich – und es giebt kein tolleres ‚womöglich' – *das Leiden abschaffen*; und wir? – es scheint gerade, *wir* wollen es lieber noch höher und schlimmer haben, als je es war! Wohlbefinden, wie ihr es versteht – das ist ja kein Ziel, das scheint uns ein *Ende*." (S. 140)

Im Zusammenhang hiermit ist Nietzsche um die Idealisierung der Rangordnung und des Egoismus bemüht:

„Jede unegoistische Moral, welche sich unbedingt nimmt und an Jedermann wendet, sündigt nicht nur gegen den Geschmack: Sie ist eine Aufreizung zu Unterlassungs-Sünden, eine Verführung mehr unter der Maske der Menschenfreundlichkeit – und gerade eine Verführung und Schädigung der Höheren, Seltneren, Bevorrechteten. Man muss die Moral zwingen, sich zuallererst vor der *Rangordnung* zu beugen, man muss ihnen ihre Anmaassung ins Gewissen schieben –, bis sie endlich miteinander darüber ins Klare kommen, dass es *unmoralisch* ist zu sagen: ‚Was dem Einen recht ist, ist dem Andern billig.'" (S. 135f.)

„Auf die Gefahr hin, unschuldige Ohren missvergnügt zu machen, stelle ich hin: Der Egoismus gehört zum Wesen der vornehmen Seele, ich meine jenen unverrückbaren Glauben, dass einem Wesen, wie ‚wir sind', a n d r e W e s e n v o n N a t u r u n t e r t h a n s e i n m ü s s e n u n d s i c h i h m z u o p f e r n h a b e n. Die vornehme Seele nimmt diesen Thatbestand ihres Egoismus ohne jedes Fragezeichen hin, auch ohne ein Gefühl von Härte, Zwang, Willkür darin, vielmehr wie Etwas, das im Urgesetz der Dinge begründet sein mag: [...]." (S. 197; Hervorhebung hinzugefügt)

Die O p f e r f r e u d i g k e i t Nietzsches kommt auch wie folgt zum Ausdruck:

„Das Wesentliche an einer guten und gesunden Aristokratie ist aber, dass sie sich *nicht* als Funktion (sei es des Königthums, sei es des Gemeinwesens), sondern als dessen *Sinn* und höchste Rechtfertigung fühlt –, dass sie deshalb mit gutem Gewissen d a s O p f e r e i n e r U n z a h l M e n s c h e n hinnimmt, welche *um ihrentwillen* zu unvollständigen Menschen, zu Sklaven, zu Werkzeugen herabgedrückt und vermindert werden müssen. Ihr Grundglaube muss eben sein, dass die Gesellschaft *nicht* um der Gesellschaft willen dasein dürfte, sondern n u r a l s U n t e r b a u u n d G e r ü s t, an dem sich eine ausgesuchte Art Wesen zu ihrer höheren Aufgabe und überhaupt zu einem höheren *Sein* emporzuheben vermag [...]." (S. 184; gesperrt gedruckte Hervorhebungen hinzugefügt)

Hiermit soll die Darstellung des Denkens Nietzsches – insbesondere in Gestalt seines *Zarathustra* – abgeschlossen sein. *An und für sich* kann dieses Denken nicht interessieren. Aus folgendem Grund m u s s es aber sehr wohl interessieren: Wie bereits angedeutet, enthält es Elemente marktgesellschaftlichen Denkens *und* – freilich in weitaus größerem Umfang – faschistischen/nationalsozialistischen Denkens. Somit erhebt sich die Frage, gerade aufgrund des teilweise „zärtlichen" Umgangs auch in der Gegenwart mit Nietzsche: I n w i e f e r n h ä n g e n b e i d e

Denkweisen zusammen und inwiefern kann aus dem marktgesellschaftlichen Denken eine *substanzielle* Immunisierung gegen faschistisches Denken erzielt werden?

5 Nietzsche und das faschistische Denken

Wie bereits angemerkt worden ist, wird in der Literatur wiederholt die Verbindung zwischen Nietzsche und faschistischem Denken hergestellt. Die vorangegangenen Ausführungen signalisieren, dass nach den entsprechenden Verbindungslinien nicht lange zu suchen ist; s i e   d r ä n g e n   s i c h   v o n   s e l b s t   a u f. Daher auch kommt es in dem vorliegenden Text nicht primär darauf an, sie darzulegen, sondern die Beantwortung der Frage weiter voranzutreiben, was es mit dem teilweise „zärtlichen" Umgang mit Nietzsche in unserer Gesellschaft auf sich hat. In diesem Sinne soll die Verbindung zwischen Nietzsche und dem faschistischen Denken beleuchtet werden. – Sämtliche Zitate in diesem Kapitel sind Rosners[7] Buch *Der Faschismus* entnommen.

Das erste Zitat, es gibt eine Stelle in Bangerts[8] *Deutsche Revolution* wieder, könnte von Nietzsche stammen:

„Sie [= die Demokratie] setzt an die Stelle des nordischen Pflichtgefühls – wie ihn Kant in seinem kategorischen Imperativ und der preußische Staat in seinem Heere und Beamtentum formte – die ‚F r e i h e i t', d.h. die allgemeine Verlotterung und Anarchie. Sie setzt an die Stelle einer o r g a n i s c h e n   R a n g o r d n u n g nach persönlichen und r a s s i s c h e n   W e r t e n die allgemeine ‚G l e i c h h e i t', d.h. den formlosen Brei. Sie setzt endlich an die Stelle einer h e l d i s c h e n   L e b e n s a u f f a s s u n g und -führung die ‚B r ü d e r l i c h k e i t', d.h. den f e i g e n   G e n u ß. Allein mit dieser Weltanschauung des P ö -

---

7 Rosner, J. 1966: *Der Faschismus – seine Wurzeln, sein Wesen, seine Ziele* – Wien
8 Bangert, O. 1929: *Deutsche Revolution. Ein Buch vom Kampfe um das Dritte Reich* – München

bels kommt sie nur zu sehr dem formlos-triebhaften, **herdenmäßigen** und feigen Empfinden des niederrassigen Menschen entgegen, der in ihr denn auch sogleich seine eigentliche Religion erkannt hat. Diese Masse Mensch liebt die Demokratie als den großen, allgemeinen Schlammpfuhl, wo alles **Große, Heldenhafte und Übermenschliche versinkt** und jeder sich in Freiheit, Gleichheit und Brüderlichkeit und grunzend gehen lassen kann." (S. 15ff [S. 88[9]]; Hervorhebungen hinzugefügt)

Auf wenige Sätze zusammengedrängt gibt der Autor *ganz im Sinne Nietzsches* die Vorstellung vom Übermenschen, seiner *mystischen* Größe und Heldenhaftigkeit sowie einer organischen Rangordnung innerhalb der Gesellschaft wieder, alles den Anschauungen des Pöbels entgegenstellend, der sich, anklammernd an die Demokratie, einem herdenmäßig genussreichen Leben im Lichte der geheuchelten Vorstellung von der Gleichheit aller Menschen verschreibe. **Von nichts anderem berichtet Nietzsche – z. B. im *Zarathustra*.**

Die Kritik an der Mitleidsmoral und die Glorifizierung der Auslese (Selektion) mögen an dem gebrachten Zitat abgehen. Heiden[10] bringt sie in seinem Buch *Hitler* bei:

„Die große Masse der Arbeiter will nichts anderes als Brot und Spiele. Die hat kein Verständnis für irgendwelche Ideale ... wir wollen eine **Auslese** einer neuen Herrenschicht, die nicht von irgendeiner **Mitleidsmoral** getrieben wird, sondern sich darüber klar ist, daß sie aufgrund ihrer besseren Rasse das Recht hat, zu herrschen, und die diese Herrschaft über die breite Masse **rücksichtslos** aufrechterhält und sichert ... Mit welchem Recht verlangen diese Leute Anteil am Besitz oder gar an der Leitung? ... Der Unternehmer, der die Verantwortung für die Produktion trägt, der schafft auch den Arbeitern Brot.

---

9 Die Seitenangaben in eckiger Klammer beziehen sich immer auf Rosners Buch.
10 Heiden, K. 1936: *Hitler* – [Ohne Angabe zum Verlagsort]

Gerade unseren großen Unternehmern k o m m t e s n i c h t auf das Zusammenraffen von Geld an, nicht auf Wohlleben, sondern denen ist die Verantwortung und Macht das wichtigste." (S. 263 [S. 71]; Hervorhebungen hinzugefügt)

An diesem Zitat darf nicht die *Abkehr* von der bürgerlichen – bürgerlich-kaufmännischen – Ausrichtung auf Gelderwerb übersehen werden; dergleichen steht der Ausrichtung auf das mystisch Große lediglich im Wege, führt zu einem Leben gleich „herumkletternden Affen", wie Nietzsche ergänzen würde.

Rosenberg[11] bringt in seiner Schrift *Mythus des 20. Jahrhunderts* den Freiheitsgedanken unmittelbar mit „verschwenderischem Blutaufwand" in Beziehung, in Verflechtung mit wider „händlerischer Überlegungen" gerichtete, dafür aber mystischer Größe sich verdankender „Zwecklosigkeit":

„Wenn irgendwo der Begriff der Ehre Zentrum des ganzen Daseins gewesen ist, so im ... germanischen Abendland. Mit einer in der Geschichte einzigartigen Selbstherrlichkeit tritt der Wiking ... auf. Das unbändige F r e i h e i t s g e f ü h l stößt bei einsetzendem Bevölkerungszuwachs eine nordische Welle nach der anderen über die Länder. Mit v e r s c h w e n d e r i s c h e m B l u t a u f w a n d ... errichtete der Wiking seine Staaten in Russland ... in Sizilien ... Die geniale Z w e c k l o s i g k e i t , fern aller h ä n d l e r i s c h e n Ü b e r l e g u n g , war der Grundzug der nordischen Menschen. ... Das einzige Schwergewicht, welches der Nordmann mit sich trug, war der Begriff der persönlichen Ehre. Ehre und Freiheit trieben die einzelnen in die Ferne ... in Länder, wo Raum für Herren war." (S. 147ff. [S. 74]; Hervorhebungen hinzugefügt)

An anderer Stelle hält der Autor fest:

„Rassengeschichte ist Naturgeschichte und Seelenmystik zugleich [...]." (S. 29 [S. 74])

---

11 Rosenberg, A. 1931²: *Der Mythus des 20. Jahrhunderts* – München

Rosenberg bringt hier also unmittelbar „Naturgeschichte" und „Mystik" in Zusammenhang, stellt beide als einander bedingend dar.

Hitler scheint dies ein wenig anders gesehen zu haben, wird er doch von Rauschning[12] in *Gespräche mit Hitler* wie folgt zitiert:

„Ich [Hitler] weiß natürlich so wie alle diese neunmal klugen Intellektuellen, d a ß e s i m w i s s e n s c h a f t l i c h e n S i n n e k e i n e R a s s e g i b t. Aber Sie als Landwirt und Züchter kommen ohne den Begriff der Rasse zur Ordnung Ihrer Zuchtergebnisse nicht aus. U n d i c h a l s P o l i t i k e r b r a u c h e e i n e n B e g r i f f, der es erlaubt, die bisher auf geschichtlichen Zusammenhängen beruhende Ordnung aufzulösen und eine ganz neue antihistorische Ordnung zu erzwingen und gedanklich zu unterstützen." (S. 218 [S. 68])

Pragmatik statt Mystik! Freilich: Diese Pragmatik dient der Rechtfertigung der Vorstellung von der Rangordnung innerhalb der Menschheit und soll Mystik keinesfalls vollständig ersetzen, wie sich Hitlers *Mein Kampf*[13] entnehmen lässt:

„Der Stärkere hat zu herrschen und sich nicht mit dem Schwächeren zu verschmelzen, um so die eigene Größe zu opfern. Nur der geborene Schwächling kann dies als grausam empfinden, dafür aber ist er auch nur ein schwacher und beschränkter Mensch; denn würde dieses Gesetz nicht herrschen, wäre ja jede vorstellbare Höherentwicklung aller organischen Lebewesen undenkbar." (S. 312 [S. 69])

„[…] ein Friede, gestützt nicht durch die Palmwedel tränenreicher pazifistischer Klageweiber, sondern begründet durch das siegreiche Schwert eines die Welt in den Dienst einer höheren Kultur nehmenden Herrenvolkes." (S. 437 [S. 73])

Die Differenzierung in Stärkere und Schwächere für sich enthält noch keine Mystik, auch nicht das „Verschmelzungs"-Verbot. Sehr wohl tritt sie aber in Gestalt von „Größe opfern", „Hö-

---

12 Rauschning, H. 1940: *Gespräche mit Hitler* – Zürich & New York
13 Hitler, A. 1938: *Mein Kampf* – München

herentwicklung" und „siegreiches Schwert" in Verflechtung mit „Herrenvolk" auf. Es ist offensichtlich die Mystik im Sinne Nietzsches, die hier gegeben ist: Die Welt, wie sie vom „Herrenvolk" in die Dienste genommen werden soll (für sich stellt sie keinen Wert dar), repräsentiert den gesellschaftlichen „Unterbau" (sensu Nietzsche) in Beziehung zum *Übermenschen*.

Die Übereinstimmungen Nietzsches mit faschistischem Denken können nicht geleugnet werden u n d s o l l t e n e r s t r e c h t n i c h t b a g a t e l l i s i e r t w e r d e n . Man würde es sich aber zu leicht machen, die zugleich gegebenen Unterschiede zwischen Nietzsche und dem deutschnational faschistischen Denken zu ignorieren.

Eine dieser Differenzen, sie ist den „Liebhabern" Nietzsches (vgl. oben) insbesondere wichtig, liegt in dessen Verzicht auf die Hervorhebung der deutschen Rasse, der deutschen Nation. Nietzsche ist „glühender" Europäer, wie folgende Stellungnahme in *Jenseits* belegt:

„Dank der krankhaften Entfremdung, welche der Nationalitäts-Wahnsinn zwischen die Völker Europas gelegt hat und noch legt [...] – Dank Alledem und manchem heute ganz Unaussprechbaren werden jetzt die unzweideutigsten Anzeichen übersehen oder willkürlich und lügenhaft umgedeutet, in denen sich ausspricht, dass Europa eins werden will." (S. 179)

Ein weiterer Unterschied, er ist wohl wichtiger als der soeben genannte, betrifft den Irrationalismus des deutschnationalen Faschismus: Wie im vorangegangenen Abschnitt dargelegt, begreift Nietzsche in Hinsicht auf den Übermenschen *Wille zur Macht* als Grundlage einer Lebensführung, die sich von allen Werten (Annehmlichkeiten usw.) der Gesellschaft „diesseits der Brücke" befreit, die sich in ihrer Ausrichtung auf Irrationales dem *Willen zum Dasein* gegenüber v e r w e i g e r t , die eigene Vernein u n g anstrebend (= „dem Blitz entgegenwachsen").

In den vorangegangenen Zitaten ist dargelegt worden, dass den deutschnationalen Faschisten Irrationalismus nichts weniger als fremd sein kann. Nimmt man nun noch hinzu, dass der Zweite Weltkrieg eine Dynamik entwickelt hat, die, spätestens mit der Kriegserklärung Deutschlands an Russland, für die deutschen Verantwortlichen in der Katastrophe enden musste, so kann man begründet überlegen, ob Nietzsche hierin nicht *zu Recht* einen Ausdruck von „dem Blitz entgegenwachsen" gesehen haben könnte.

Hätte er aber auch *zu Recht* in besagten Verantwortlichen aus Politik und Wirtschaft Vertreter seines *Übermenschen* sehen können, also Menschen, die sich (z. B.) „händlerischen Überlegungen" enthalten, die nicht auf „das Zusammenraffen von Geld" abzielen, die sich alleine der „Zwecklosigkeit" hingeben? Diese Frage ist mit *Nein* zu beantworten. Hierzu folgendes Zitat aus Rosners Buch:

„Göring besitzt etwa ein halbes Dutzend Schlösser in Deutschland und eine Villa in der Schweiz … Goebbels hat ein schönes Heim in Schwanenwerder in der Nähe Berlins, das früher einem jüdischen Bankier gehörte. Himmler besitzt eine Villa in Berlin und hat ein großes Gut in Bayern gekauft. […] Albert Forster, der junge Gauleiter in Danzig, kam in diese alte Stadt ohne einen Pfennig in der Tasche. Jetzt ist er ein Gutsbesitzer mit großem Vermögen …" (*Die Welt*, Stockholm, 1943: S. 156 [S. 99])

Wäre Nietzsche dies bekannt geworden, er hätte die Verantwortlichen des nationalsozialistischen Deutschland niemals als *Übermenschen* bezeichnet; das „angenehme Leben", das sie sich selbst bereitet haben, hätten sie, bevor sie die „Brücke" betreten durften, gerade ablegen müssen; **so sind sie weiter nichts als „herumkletternde Affen", wenn auch von einer Rohheit, die von dem Übermenschen schwerlich überboten werden kann.**

Zudem ist an Unterschieden zwischen Nietzsche und nationalsozialistischem Denken zu beachten, dass Nietzsche einerseits schreiben kann, den Pöbel (im Gang über die Brücke) hinter sich lassen zu sollen, und andererseits die Gesellschaft als Unterbau ohne jeglichen Eigenwert in Relation zu den Herrenmenschen verstehen zu sollen. Nietzsche kann dies schreiben, da sein Über-/Herrenmensch *ohne jegliche* relevante gesellschaftliche, ökonomische usw. Verbindung mit dem „Unterbau" bleibt. Die Nationalsozialisten konnten sich diesen „Luxus" nicht erlauben, da sie *ihre* Vorstellungen von den Herrenmenschen sehr wohl und substanziell an gesellschaftliche und ökonomische Verhältnisse knüpfen mussten. Sie konnten sich also nicht nur nicht Nietzsches „Luxus" leisten, sie mussten stattdessen damit umgehen lernen, jener, die sie als „Pöbel" verachteten, z u b e d ü r f e n .

Rosner, um nun auch ihn zu Wort kommen zu lassen, schreibt hierzu:

„Im Nationalsozialismus, im Faschismus, erlangte die *anonyme* Gewalt des Monopol- und Finanzkapitalismus jene *sichtbare* Kraft, die vor die Nation hintreten und ihr weismachen konnte: Hier ist deine Führung! Über der allmächtigen, alles verzehrenden, brutal-robusten, von Raubgier, Profit- und Machtsucht gejagten *unsichtbaren* imperialistischen, monopolkapitalistischen Gewalt erhob sich das auf Allmacht, auf Totalität Anspruch erhebende, im grellsten Licht tausender Scheinwerfer der allerraffiniertesten Reklame in Erscheinung tretende, schillernde und glitzernde faschistische ‚Führertum', das, obwohl mit dem Monopolkapitalismus engstens verwachsen […], dennoch seiner sozialen Lage nach im Deutschland der Kriegsniederlage und der wütenden Krise der Finanzoligarchie als geeignet erschien, sich dem Volk als seine Vertretung zu präsentieren, die Massen zu ködern […]." (S. 34)

„Die Auffüllung der nationalsozialistischen Partei mit Menschen der unterschiedlichsten Klassen und Gruppen ermöglichte es dem deutschen Finanzkapital seine relative Isoliertheit von den Massen zu durchbrechen und eine breite tragfähige Massenbasis zu erhalten." (S. 36f.)

Rosner berichtet also davon, dass sich T e i l e der Wirtschaft – das „Monopolkapital" – des Faschismus als einer M a s k e bedient haben, die sie sich vorgehalten haben, um die breite Masse, von der sie sich an und für sich distanzieren, für die Erreichung ihrer Ziele instrumentalisieren zu können. W a s s i e s i c h s o m i t v o r g e h a l t e n h a b e n , d a s m ü s s e n s i e a b e r v o r s i c h r e c h t f e r t i g e n h a b e n k ö n n e n !

In anderen Worten: Teile der Wirtschaft haben sich eine Maske vorgehalten, deren Signal an die Bevölkerung lautet: Wir, die deutsche Nation – freilich mit rassischer Verkürzung – bzw. die nordischen Menschen, sind Übermenschen, die Herren der Welt. Dem mystischen Gehalt nach, hierin Nietzsche folgend, ist dieses Übermenschen- und Herrentum – wie gezeigt – mit Zwecklosigkeit und Negation des eigenen Selbst verbunden. *Der Wille zur Macht ist vom Willen zum Dasein abgekoppelt.* Ihrem strategischen Gehalt nach bedeutet diese Maske aber etwas, das sie gerade *nicht* signalisiert: Diese Abkoppelung gilt gerade nicht für jene, die sich die Maske aufgesetzt haben, sie gilt vor allem für jene, derer man bedarf (denen die Maske gezeigt wird), mit denen man aber *weiter nichts zu schaffen haben will.*

Angesichts dieses Ergebnisses erhebt sich folgende Frage: Was bedeutet es, dass Teile der Wirtschaft – ohne moralische Bedenken! – zu besagter Maske gegriffen haben? Diese Frage enthält: Wohnt dem marktgesellschaftlichen Denken, aus dessen Akzeptanz heraus zu der Maske gegriffen worden ist, ein Potenzial ein, das zumindest eine grundsätzliche, latente Affinität zu der Maske bedeutet?

6 Die Marktgesellschaft als Problem

Eine Bemerkung vorweg: In dem anstehenden Kapitel steht die Markt*gesellschaft* zur Diskussion, nicht die Markt*wirtschaft* (diese gilt es von marktgesellschaftlichen Reduktionismen frei zuhalten).

***

Wie in dem Schlussabsatz des vorangegangenen Kapitels angekündigt, gilt es nun nachzusehen, in welcher Beziehung marktgesellschaftliches Denken zu dem bisher skizzierten Denken steht bzw. ob hier eine Beziehung vorliegt, aus der sich der „zärtliche Umgang" mit Nietzsche verstehen lässt. Das anstehende Kapitel bietet noch keine Erklärung einer solchen Beziehung – so sie sich finden lässt. Diese Erklärung bedarf eines erst zu gebenden philosophischen Fundaments (Kapitel 7).

Zunächst soll auf einen Autor geblickt werden, der am Ende der Klassik der Ökonomie steht: Ricardo – konkret auf sein Werk *Grundgesetze der Volkswirtschaft und Besteuerung*[14].

Zunächst interessiert folgende Passage:

„Wenn wir auf die Märkte einer grossen Stadt einen Blick werfen und dort bemerken, wie regelmässig sie mit beidem, mit in- und ausländischen Waaren, versehen werden, in der erforderlichen Menge, unter allen Umständen eines veränderlichen Begehrs, wie sich dieser eben nach den Launen des Geschmacks oder nach den Veränderungen in der Grösse der Bevölkerung gestaltet, ohne öftere Veranlassung der Folgen einer Ueberfüllung

---

14 Ricardo, D. 1877: *Grundgesetze der Volkswirtschaft und Besteuerung* – zitiert nach: 2006 Elibron Classics; Leipzig, übersetzt und mit Vorrede versehen von E. Baumstark

zufolge zu grossen Angebotes, oder wegen hoher Preise zufolge eines für die Nachfrage zu geringen Angebotes; **so müssen wir bekennen, dass das Grundgesetz, welches jedem Geschäfte in dem erforderlichen Betrage sein Kapital verhältnismässig zutheilt, wirksamer ist, als man gewöhnlich allgemein annimmt**." (S. 63; Hervorhebung hinzugefügt)

Dezidiert spricht Ricardo von einem „Gesetz", das den Markt zum Wohle *aller* regelt (dieses „aller" wird freilich noch genauer zu bestimmen sein). Es ist keine Rede davon, diesem „Gesetz" irgendeine Mystik zur Seite stellen zu müssen, wie dies Rosenberg anempfohlen hat (vgl. oben). Tatsächlich ist dergleichen Mystik *nirgendwo* in Ricardos Buch zu finden. Und doch erweist er sich als ein Autor, der sich – im Sinne Nietzsches – davon enthoben begreift, ausschließlich als „Fass" verstanden werden zu dürfen. Er liefert nämlich **keine** Erklärung für etwas, das er gebraucht – dessen er sogar wesentlich bedarf: Er tritt nämlich (implizit) dafür ein, den Menschen gleich einem *Homo oeconomicus*, einem rationalen Nutzenmaximierer verstehen zu müssen bzw. als eine Lebensform, die sich gleich einem solchen verhalten *sollte*. **Das wird von Ricardo aber nicht nur nicht erklärt, das wird nicht einmal explizit zum Thema gemacht**; vielleicht sieht er die entsprechende Notwendigkeit tatsächlich nicht.

Sogleich ist zu betonen, dass es sich hier nicht um irgendein Problem handelt bzw. eine für die ökonomische Klassik typische Konstruktion. In der die Gegenwart dominierenden Neoklassik ist das aufgeworfene Problem nicht weniger von essentieller Bedeutung als in der Klassik. Aber auch die Neoklassik findet zu keiner Begründung des *Homo oeconomicus*. Nicht dass es an umfangreicher Literatur hierzu fehlen würde; aber was in dieser an „Rechtfertigung" geboten wird, das verdankt sich empiristisch-mechanistischen Vorstellungen, deren Rechtfertigung – und daher Anwendbarkeit – nicht dargelegt wird.[15] Hierauf wird zurückzukommen sein.

Angesichts hiervon ist zu beachten: Den Menschen als rationalen Nutzenmaximierer zu verstehen, erscheint zunächst geradezu als aufgeklärter Gegenentwurf zu jeglichem mystisch geprägten Menschenbild. Das darf aber nicht darüber hinwegtäuschen, dass *beide* Entwürfe e i n h e i t l i c h   u n b e g r ü n d e t bleiben! Zumindest im Sinne hiervon ist es angemessen, *Homo oeconomicus* zunächst als *mechanistische* V a r i a n t e[16] der *mythologischen* V a r i a n t e zur Seite zu stellen. – Das lässt sich auch in folgende Aussage kleiden: B e i d e   V a r i a n t e n   s i n d   s o l c h e   e i n e s   g e m e i n s a m e n ,   f e h l l e i t e n d e n   F u n d a m e n t e s ,   d a s *i n s g e s a m t*   z u   ü b e r k o m m e n   i s t ! Was es hiermit auf sich hat und ob diese Möglichkeit aufzugreifen ist, wird im folgenden Kapitel darzulegen sein.

Verfolgen wir zunächst, zu welchen Ergebnissen Ricardo gemäß seiner *rationalen* Aufgeklärtheit findet:

„Steht der Marktpreis der Arbeit unter ihrem natürlichen, alsdann ist die Lage der Arbeiter am elendsten, alsdann beraubt sie die Armuth um alle die Gegenstände körperlichen und gemüthlichen Wohlbehagens, welche die Sitte zu unerlässlichen Bedürfnissen gemacht hat. E r s t ,   n a c h d e m   d i e   E n t b e h r u n g e n   i h r e   A n z a h l   v e r r i n g e r t   h a b e n oder nachdem die Nachfrage nach Arbeit gestiegen ist, steigt der Marktpreis der Arbeit wieder bis zur Höhe ihres natürlichen Preises, und e r s t   a l s d a n n   h a t   d e r   A r b e i t e r   w i e d e r   d a s   m ä s s i g e   W o h l b e h a g e n , welches der natürliche Stand des Arbeitslohnes gewähren kann." (S. 67f.; Hervorhebungen hinzugefügt)

---

15 Vgl. Senz, W: 2012a: *Bedeutung der Wirtschaft* – Frankfurt a. M. et al.; Senz, W. 2012b: *Nicht-triviale Zusammenführung von Glaube und Evolutionslehre im Lichte der Philosophie* – Frankfurt a. M. et al.

16 „Mechanisch", da „Nutzen maximieren" als rein technischer Vorgang begriffen wird, demgegenüber der Mensch keine Freiheit aufweist, außer sich der Anerkennung hiervon widersetzen zu können; aber auch das ist nicht Freiheit, sondern Unvermögen.

Das **muss** an das Denken Nietzsches und die nationalsozialistische Position erinnern: Die Arbeiter werden, obschon nicht explizit(!), als Menschen zweiter Klasse verstanden, also eine R a n g o r d n u n g innerhalb der Gesellschaft unterstellt. Jede andere Interpretation davon, dass gemäß Ricardo „dem natürlichen Stand" der Arbeiter nur ein „mässiges Wohlbehagen" zusteht bzw. ihnen ihr „Arbeitslohn" nicht mehr zuweist, wäre lächerlich bzw. Ausdruck entsprechender ideologischer Intentionen. Im Namen aufgeklärter Rationalität hat Ricardo hierbei auch keine Probleme damit, gegebenenfalls „i h r e A n z a h l v e r r i n g e r t" zu wissen. Wohlgemerkt: Wir reden hier nicht über Gartenzwerge oder sonst dergleichen. N i e t z s c h e w ü r d e h e l l h ö r i g w e r d e n !

Erinnern wir uns, dass dieser den Sozialisten, den „Flachköpfen" usw. vorgeworfen hat, die Arbeiter ihrer an sich *angeborenen Bedürfnislosigkeit* beraubt zu haben. Auch hiermit dient Ricardo:

„Einem englischen Arbeiter würde sein Lohn unter dem natürlichen Satze zu knapp für die Unterhaltung seiner Familie vorkommen, wenn er damit kein anderes Nahrungsmittel als Kartoffeln kaufen und dafür in keiner besseren Wohnung als in einer schmutzigen Hütte leben könnte; u n d d e n n o c h w e r d e n i n L ä n d e r n , w o ‚ d a s L e b e n w o h l f e i l i s t ', d i e s e m ä s s i g e n W ü n s c h e d e r N a t u r f ü r h i n r e i c h e n d g e h a l t e n u n d s e i n e B e d ü r f n i s s e z u r Z u f r i e d e n h e i t g e s t i l l t ." (S. 70; Hervorhebung hinzugefügt)

Bleiben wir bei dem Bild *Verringerung der Anzahl von Menschen im Namen der Marktgesetzlichkeit*:

„Bei einer, sich um die Unterhaltsmittel drängenden und drückenden, Bevölkerung ist das einzige Abhilfsmittel entweder e i n e V e r m i n d e r u n g d e r B e v ö l k e r u n g oder eine raschere Ansammlung von Kapital. In reichen Ländern, in welchen bereits aller fruchtbare Boden angebauet ist, ist das letztere Mittel weder sehr ausführbar noch sehr wünschenswert, weil sein Erfolg, wenn es sehr weit getrieben würde, kein anderer wäre, als alle Klassen der Bevölkerung gleich arm zu machen." (S. 72; Hervorhebung hinzugefügt)

Knapp hierauf ist zu lesen:

„*Die klare und gerade Tendenz der Armengesetze ist in geradem Gegensatze zu diesen einleuchtenden Grundgesetzen. Sie ist nicht, wie die Gesetzgebung wohlwollend beabsichtigte, dazu angethan,* **die Lage der Armen zu verbessern,** *sondern* **die Lage der Armen und Reichen zugleich zu verschlechtern** *[...] | Dies verderbliche Streben jener Gesetze ist nicht länger mehr ein Geheimnis, seitdem es durch die geschickte Hand von Malthus enthüllt ist; und* **jeder Freund der Armen muss heiss ihre Aufhebung wünschen**.*"* (S. 78; Hervorhebungen hinzugefügt)

Die „einleuchtenden Grundgesetze" des Marktes signalisieren also, dass in sie nicht eingegriffen werden darf, gerade um willen der Erzielung der aktuell möglichen Wohlfahrt, also auch um willen davon, gegebenenfalls den Arbeitern zu dem ihnen zustehenden „mässigen Wohlstand" zu verhelfen. Es mag schon sein, dass Ricardo tatsächlich in dem von ihm abgesteckten Rahmen um die Arbeiter (Armen) bemüht ist: Aber dieser Rahmen versetzt die Arbeiter in eine von einer Rangordnung geprägte Gesellschaft. *Im Sinne hiervon* gibt Ricardo zu bedenken, dass die in der Rangordnung „oben" stehenden Menschen – also die Elite: Nicht-Arbeiter – ebenfalls durch die Armengesetze von Armut bedroht seien. Das kann man auch in folgende Worte fassen: Der rationale Ökonom Ricardo **opfert** eine gewisse (durchaus groß sein könnende) Anzahl von Menschen des unteren Bereichs der Rangordnung in der Gesellschaft, um dem überlebenden Teil den zustehenden „mässigen Wohlstand" zu sichern und den Vertretern des oberen Segments der Rangordnung ihren Reichtum.

Und fortgesetzt könnte Ricardo beteuern, sich gerade keiner mystischen Erfindungen zu bedienen – nicht zu „stammeln", sondern aus der Beachtung „wohl begründeter" Gesetze zu argumentieren. Das aber macht er gerade *nicht*, wie in Hinsicht auf das von ihm unterstellte Bild vom *Homo oeconomicus* angesprochen worden ist.

Angesichts hiervon darf Ricardos Formulierung „*Freund der Armen*" nicht übersehen werden. Nietzsche käme ob dieses Begriffs in Rage: Man soll nicht Freund der Armen sein („kein Mitleid mit den Armen" usw.; vgl. oben), sondern selbige im Gang über die „Brücke" zurücklassen. So hellhörig Nietzsche zunächst auch geworden sein mag, sein Interesse an der Position Ricardos wird nun im Abflauen begriffen sein. Dieser Prozess wird sich verstärken, wenn Nietzsche auffällt, dass Ricardo um Reichtum bemüht ist, um ein *nicht*-„mässiges" Leben der Elite. Aus der Perspektive Nietzsches ist Ricardo also um den „letzten Menschen" bemüht, wiewohl abzüglich dessen Vorstellung „wir sind alle gleich" (aber wie ehrlich muss diese gemeint sein; vgl. oben: *Augenzwinkern*!)

Vertreter der nationalsozialistischen Position müssen nicht notwendig im gleichen Umfang das Interesse an Ricardo verlieren. Sie können die Frage aufwerfen, ob sich Ricardo hier eine der ihren nicht unähnlich seiende Maske vorhält: Die Aussage „Freund der Armen" *kann* auch *Maske* sein, die sich Ricardo vorhält!

Kommen wir aber nochmals auf Nietzsche zurück: Folgende Feststellung Ricardos hätte ihn wahrscheinlich zumindest ein wenig versöhnlicher gestimmt:

„Durch stufenweise Verengerung des Kreises der Armengesetze, durch Einprägung des Werthes der Unabhängigkeit in das Herz der Armen, indem man ihnen zeigt, dass sie ihre Blicke nicht auf die ordnungsmässig eingerichtete oder zufällige Wohlthätigkeit richten müssten, sondern vielmehr auf ihre eigenen Anstrengungen für den Unterhalt, dass Klugheit und Vorsicht weder unnöthige noch unnütze Tugenden sind –, durch dieses werden wir uns stufenweise einem gesünderen und heilsameren Zustande nähern." (S. 79; Hervorhebungen hinzugefügt)

Woran Nietzsche Gefallen hätte finden können, ist die „stufenweise Verengung des Kreises der Armengesetze". Freilich: Die

Ernüchterung (Nietzsches Ernüchterung) folgt auf dem Fuß: Ricardo propagiert sie im Zusammenhang mit *Klugheit und Vorsicht*! In Hinsicht auf die Unternehmer, also die elitäre Klasse im Sinne der Rangordnung Ricardos, kann Nietzsche zu Derartigem niemals seine Zustimmung geben, da sich dergleichen niemals mit der mystischen Größe vereinbaren lässt, auf die diese Klasse – der Übermensch – ausgerichtet sein soll. In Hinsicht auf die unteren Klassen – Arbeiter usw. – könnte Nietzsche aber trotzdem Gefallen an „Klugheit und Vorsicht" gefunden haben. Ricardos Rat an die Armen beinhaltet ja, sich *klug und vorsichtig* zu benehmen, *um* „das mässige Wohlbehagen" genießen zu können, das ihnen (schicksalhaft?) zukommt. H i e r i n k ö n n t e N i e t z s c h e d u r c h a u s s e i n e A n s i c h t w i e d e r f i n d e n , d a s s d i e G e s e l l s c h a f t l e d i g l i c h „U n t e r b a u" d e r „H e r r e n d e r W e l t" i s t .

Aber auch das nationalsozialistische Denken kann es – erneut – mit Interesse Ricardos Ausführung aufnehmen: Indem Ricardo den Arbeitern, den Armen Tugenden anempfiehlt, die auch für die Nicht-Arbeiter (Unternehmer) gelten, erscheinen *beide Gruppen* gleichsam zu einer E i n h e i t verschmolzen, einer solchen freilich, in der die Nicht-Unternehmer schicksalhaft (?) von den Unternehmern *getrennt bleiben*: Anstatt an der Auflösung dieser Trennung zu arbeiten – was sogleich als sozialistischer Akt der „Nivellierung" abzuweisen sein soll –, wird den Arbeitern ins Gedächtnis gerufen, dass weniger als ihr gegenwärtiges „mässiges Wohlbehagen" in früheren Zeiten immer noch als ein solches empfunden worden ist.

Ist also Ricardos Bemühen um die Armen *Maske*, derer die elitäre Klasse bedarf, um die Distanz, in der sie sich zu den anderen Klassen begreift, verschleiern zu können; um die unteren Klassen so weit zu besänftigen, dass sie ein Gesellschaftsmodell befürworten, das auf die Erfüllung der Machtinteressen einer anderen Klasse zugeschnitten ist? D i e P r o t a g o n i s t e n d e r M a r k t g e s e l l s c h a f t s t e h e n o f f e n s i c h t l i c h v o r s e l b i g e m P r o b l e m w i e d i e P r o t a g o n i s t e n d e s n a t i o n a l s o z i a l i s t i s c h e n M o d e l l s .

Der kardinale Unterschied, wie er zumindest zunächst entgegentritt, besteht darin, dass die Tugenden *Klugheit* und *Vorsicht* im Sinne des marktgesellschaftlichen Modells im nationalsozialistischen Modell unterwandert sind: Die Protagonisten der elitären Klasse gebärden sich, um mit Nietzsche zu sprechen, als „Bestien"[17], als „Raubmenschen"[18]. Freilich als solche, die dem Blitz entgegengehen *lassen*, anstatt entgegenzugehen (vgl. oben). Dergleichen kommt in Ricardos Argumentation tatsächlich n i c h t vor! Zwar vertritt er eine – nicht wegdiskutierbare! – *Opferbereitschaft*, aber er setzt sie in Relation zu Marktgesetzlichkeiten. Freilich hat er deren Dasein noch gar nicht begründet, da er sie in Verknüpfung mit *Homo oeconomicus* setzt, dessen Dasein *vorausgesetzt* wird.

Angesichts hiervon darf nicht übersehen werden: W o v o n R i c a r d o in Summe *r a t i o n a l* berichtet, das dient der Aufrechterhaltung einer Klassengesellschaft! Das führt zu folgender Thematik zurück: Hält sich Ricardo im Namen der Marktgesellschaft aus dargelegtem Grund eine Maske vor, so kann sich diese nicht grundsätzlich von jener der Nationalsozialisten unterscheiden. W a s a b e r s o l l e s

---

17 *Jenseits*: „Die vornehme Kaste war im Anfang immer die Barbaren-Kaste: Ihr Übergewicht lag nicht vorerst in der physischen Kraft, sondern in der seelischen –, es waren die ganzeren Menschen (was auf jeder Stufe auch so viel mit bedeutet als ‚die ganzeren Bestien')." (S. 183)

18 *Jenseits*: „Man missversteht das Raubthier und den Raubmenschen (zum Beispiel Cesare Borgia) gründlich, man missversteht die ‚Natur', so lange man noch nach einer ‚Krankhaftigkeit' im Grunde dieser gesündesten aller tropischen Unthiere und Gewächse sucht, oder gar nach einer ihnen eingeborenen ‚Hölle' –: wie es bisher fast alle Moralisten gethan haben. Es scheint, dass es bei den Moralisten einen Hass gegen den Urwald und gegen die Tropen giebt? Und dass der ‚tropische Mensch' um jeden Preis diskreditiert werden muss, sei es als Krankheit oder Entartung des Menschen, sei es als eigne Hölle und Selbst-Marterung? Warum doch? Zu Gunsten der ‚gemässigten Zonen'? Zu Gunsten der gemässigten Menschen? Der ‚Moralischen'? Der Mittelmässigen? – Dies zum Kapitel ‚Moral als Furchtsamkeit'." (S. 99f.)

dann an der Marktgesellschaft sein, das gegebenenfalls dahingehend einen Schutzwall darstellt, dass die Maske nicht in jene des Nationalsozialismus transformiert?

Diese Frage lässt sich wie folgt zuspitzen: **Beginnt das gesellschaftliche Problem *erst* mit dem Aufsetzen der nationalsozialistischen Maske, oder beginnt es *bereits* damit, dass die dem marktgesellschaftlichen und dem nationalsozialistischen Denken gemeinsame Basis gesellschaftstragend ist?** – Um hier nicht missverstanden zu werden: Mit dieser Frage ist die Unterscheidung von marktgesellschaftlichem und nationalsozialistischem Denken keineswegs aufgehoben. – Die Antwort auf die gestellte Frage kann erst im Anschluss an Kapitel 7 gegeben werden.

Angesichts hiervon sei betont, worum es in dem anstehenden Kapitel geht: die Beleuchtung der Beziehung zwischen dem marktgesellschaftlichen und dem nationalsozialistischen Denken. Zu jenem ist festgehalten worden, dass es auf mystische Überlegungen verzichtet, sich an rationalen, wissenschaftlichen Überlegungen orientierend (so das Selbstverständnis). Die Crux hieran, sie ist bereits angesprochen worden, besteht darin, dass der für die Marktgesellschaft so wesentliche Begriff *Homo oeconomicus* nirgendwo begründet wird; seine Bedeutung wird unterstellt, so gut wie nur irgendeine mystische Anschauung unterstellt sein kann. Nun gibt es freilich Argumente, die den Vertretern der Marktgesellschaft anscheinend aus ihrem Dilemma helfen. Z. B.: Es solle ja gar nicht behauptet werden, dass der Mensch ein Homo oeconomicus *ist*, aber die Erfahrung (Empirie) zeige, dass man zu realistischen Ergebnissen komme, wenn angenommen werde, dass sich der Mensch so verhält, *als ob* er ein *Homo oeconomicus* ist.

Das ist zumindest die Karikatur einer Begründungstheorie; Nietzsche hat nicht einmal zu dieser gefunden (vgl. oben). Wie, so ist nämlich zu fragen, ist dieserart auszuschließen, den Menschen zu etwas herabgebrochen zu haben, das sich so beschreiben und analysieren lässt, *als ob* er ein *Homo oeconomicus* ist, *obschon er es an und für sich ganz und gar nicht ist*, obschon er sich lediglich aufgrund geschaffener gesellschaftlicher Bedingungen so verhält. Hat man diese Frage vorweg nicht beantwortet, sind alle empirischen Befunde kurz gesagt *wertlos*.

Mehr noch: Nicht zuletzt aufgrund ihrer immensen Ausrichtung auf die Mathematik verbreitet die Ökonomie den Eindruck, von vorurteilsloser Rationalität getragen zu sein; in strikter Trennung zu mystischer Vorurteilsbeladenheit zu sein. Solange es der marktgesellschaftlichen Ökonomie aber nicht gelingt, ihr Fundament zu entmystifizieren, kann sie für sich gerade nicht in Anspruch nehmen, tatsächlich *vorurteilslos* zu sein. Sie kann also nicht – was dasselbe besagt – den Verdacht abweisen, hinter vorgehaltener Maske Eliten in der Gesellschaft zu bedienen; mag deren Selbstverständnis, Elite zu sein, nun Wille zur Macht mit Wille zum Dasein verbinden oder nicht.

Angesichts hiervon verdient es der Beachtung, dass gleich zu Beginn der Neoklassik eine Position aufgetreten ist (sie repräsentiert die Neoklassik noch nicht in reiner Form), die marktgesellschaftliches Denken explizit mit mystischem Denken verflicht, dieserart implizit den *Homo oeconomicus* „erklärend".

Die hiermit angesprochene Position ist jene Gossens, einem der Mitbegründer der Grenznutzenlehre (in gewisser Hinsicht ist er sogar der Begründer dieser Lehre, doch ist seine Arbeit erst postum bekannt geworden bzw. nachdem sie von Walras, Jevon und Menger „begründet" worden ist). Die folgenden Zitate stammen aus dem einzigen Werk, das Gossen veröffentlicht hat: *Entwicklung der Gesetze des Menschlichen Verkehrs*[19].

Wie im Falle der Betrachtung der Position Ricardos soll uns auch hier die Perspektive Nietzsches ein Stück weit leiten. Gibt

---

19 Gossen, H. 1854: *Entwicklung der Gesetze des menschlichen Verkehrs – Und der daraus fließenden Regeln für menschliches Handeln* – Braunschweig; zitiert nach: 2015, London.

es (zumindest) einen Satz in Gossens Werk, den Nietzsche mit Freude vernommen hätte? Den gibt es:

„Man verwechsele diese [Gossens] Religion nicht mit den Hirngespinsten sogenannter Philosophen, oder gar mit den Verirrungen, die dazu geführt haben, eine Göttin der Vernunft oder das eigene Ich auf den Altar zu stellen. Bei dieser [meiner] Religion hat die menschliche Vernunft nichts, gar nichts zu schaffen [...]." (S. 188)

Das ist nach dem Geschmack Nietzsches! Gossens Abkehr von der Vernunft ist – so zumindest aus der Perspektive Nietzsches – die Hinwendung zum „Stammeln", das Nietzsche so sehr gefällt. Alleine: Gossen macht Nietzsche diesen Gefallen n i c h t uneingeschränkt. Er berechnet und argumentiert, wiewohl auf seine Weise; auf eine zu beleuchtende Weise.

Um willen hiervon ist darzulegen, dass Nietzsche von Gossen trotzdem nicht vollkommen enttäuscht sein müsste, wie sich zunächst folgender Aussage Gossens entnehmen lässt:

„Diese [Gossens] Gesetze lösen diese anscheinend für das Menschengeschlecht unlösbare Aufgabe sogar auf eine so leichte und unmerkliche Weise, daß selbst das Dasein der Aufgabe bisher den National-Oekonomen entgangen ist, was denn vor allem Andern zu den hirnverbrannten Theorien des Communismus und Socialismus Veranlassung gegeben hat." (S. 91)

Von „hirnverbrannten" sozialistischen Theorien lesen zu können, müsste Nietzsches Beifall finden, weniger aber, dass diese Feststellung im Zusammenhang mit dem Verweis auf „Gesetze" auftritt.

Die hierin zum Ausdruck kommende Ambivalenz, die Nietzsche Gossens Werk gegenüber empfinden müsste, gilt für die gesamte Argumentation Gossens. Betrachten wir im Lichte hiervon folgende Stellungnahme:

„So schön wußte der Schöpfer das Hinderniß, welches der Egoismus dem Wohle der Gesamtheit entgegenzustellen scheint, zu beseitigen, und das gerade Entgegengesetzte durch diesen Egoismus zu bewirken, *ihn zu der Kraft zu machen, die den Fortschritt des Menschengeschlechts in Kunst und Wissenschaft in seinem materiellen und geistigen Wohl allein und unaufhaltsam bewirkt.*" (S. 277)

Sogleich hätte sich Nietzsche die Frage vorgelegt, ob Gossen denn unbekannt ist, dass „Gott tot ist". Zwar ist Gossen zu loben, dass er auf den Egoismus abzielt, die Art und Weise aber, wie er diesen mit einer *invisible hand*-Funktion versieht, zeigt nun doch, so Nietzsches, dass er den Übermenschen nicht verstanden habe – letztlich im Sinne des „letzten Menschen" argumentiert.

Zunächst scheint es, als könnte sich Gossen Nietzsche gegenüber rechtfertigen, da er zweifellos nicht auf den Schöpfer der positiven Religionen abzielt:

„Den Inhalt der wahren Religion des Schöpfers bilden die Wahrheiten, wie wir sie in unseren naturwissenschaftlichen Werken, zu denen auch das vorliegende im vollen Sinne des Wortes zu rechnen ist, entwickelt finden." (S. 187)

„Schön und gut", wird Nietzsche antworten, aber die Ablehnung des Schöpfers im Sinne der positiven Religionen ist noch keine positive Darstellung dessen, worauf man selbst abzielt, und wenn, worauf man abzielt, mit Naturwissenschaft in Beziehung gebracht wird: **Wie soll es da „positiv" um das „Stammeln" bestellt sein können?**

Die nun zu zitierende Aussage Gossens muss Nietzsche davon überzeugen, in Gossen zwar einen verwandten, aber keinen direkten Vertreter seines Denkens zu haben:

„Indem der Schöpfer seinen Menschen so organisirte, daß die fortgesetzte geregelte Thätigkeit einestheils die Fertigkeit steigert, anderntheils die Beschwerde bis zu dem Punkte vermindert, daß sie in einen mehr oder minder großen Genuß übergeht, verwirklichte er für den Menschen das Mährchen vom Schlaraffenlande; denn durch Genuß schafft sich dann der Mensch neue Genüsse, ein ewiger Kreislauf von immer sich steigerndem Genießen. [...] Und so sehen wir denn, daß die Verwirklichung dieses durch eigene Thätigkeit geschaffenen wirklichen Paradieses, statt des verlorenen fabelhaften, nur davon abhängt, die wiederholt angedeuteten Hindernisse zu beseitigen." (S. 101f.)

Gossen lässt also die Gesellschaft einem „Schlaraffenland" entgegenwachsen – und somit explizit nicht eine Elite dem Blitz. Was aus der Perspektive Nietzsches also interessant begonnen hat, endet (verendet) im Geschwätz der „letzten Menschen".

Spätestens jetzt würde Nietzsche den Kontakt mit Gossen beenden. Für uns soll er aber noch von Interesse sein. Der Grund hierfür ergibt sich gerade aus dem Vergleich mit Nietzsche. Gemäß diesem ist bereits der gegenwärtige Mensch, wie er also zumeist den „letzten Menschen" dem „Übermenschen" vorzieht, nicht frei von Egoismus und Wille zur Macht, wiewohl auf eine „zahme" Weise („zahm" im Unterschied zu „Bestie" und „Raubmensch"; vgl. oben); daher auch die Rückversicherung dieser Menschen, sich auf Gesetze zu stützen und um ein „angenehmes Leben" *aller* bemüht zu sein.

Wie verhält es sich diesbezüglich bei Gossen? Wie verhält er sich also zur Idealisierung von „Bestie" und „Raubmensch" einerseits und zur Annahme, den Menschen „überwinden" zu müssen, andererseits?

Zur Beantwortung dieser Frage sei zunächst aus Gossens Buch festgehalten:

„Weil aber ein solcher Wettstreit bei jeder einzelnen Stellung bis zur niedrigsten zu sich wiederholen wird, so muß sich als Resultat desselben ergeben, *daß jede einzelne Stellung im Leben dem Menschen zufällt, der sich relativ am Besten zu derselben qualificirt, und daß daher jeder Mensch es sich selbst zuzuschreiben hat, wenn er in diesem Wettstreit auf eine tiefere Stufe hinabgedrängt wird.*" (S. 276)

Offensichtlich – und das gilt für das gesamte Buch – kommt Gossen ohne „Bestie" und „Raubmensch" aus; die Frage ist allerdings, inwieweit er ohne „Rangordnung in der Gesellschaft" auskommt; „Stellung im Leben" ist sehr wohl mit *Rangordnung* vereinbar, wiewohl sie explizit nicht thematisiert wird.

Gossens Ansichten treten deutlicher hervor, wenn zunächst dargelegt wird, dass er den Menschen sicherlich *nicht überwinden* will. Seine Alternative hierzu liest sich wie folgt:

„Und diese Kraft, die diese unberechenbaren Wohlthaten der Menschheit schafft, konnte so sehr verkannt werden, daß man sie als Genußsucht verketzerte, weil sie auch einen Mißbrauch zuläßt, daß man es sich zum Verdienst anrechnen zu können glaubte, wenn man es für gelungen hielt, sie bei sich selbst ganz oder theilweise unwirksam zu machen! So weit kann der Mensch sich verirren, wenn er die Offenbarungen des Schöpfers, wie dieser sie ewig und unveränderlich und ununterbrochen in seiner Schöpfung kund giebt, unbeachtet läßt, und an ihrer Stelle Menschensatzungen zur Richtschnur nimmt! Aber auch hier offenbart sich die unbegreifliche Weisheit des Schöpfers; auch diese Verirrung muß er vorausgesehen haben, und darum gab er jener Kraft eine so außerordentliche Stärke, daß alles Ankämpfen des Menschen gegen ihre Wirkungen diese wohl schwächen, aber sie nicht paralysiren kann, und wie sich der Mensch auch abmühen mag, sie bei einer ihrer Aeußerungen zu vernichten, immer taucht sie mit vermehrter Stärke nach einer unerwarteten und unvorhergesehenen andern Richtung wieder auf. Möchte darum nie mehr die Vorschrift des aus den Augen verloren werden, die er uns täglich in tausend verschiedenen Gestalten immer wieder und wieder mit unverkennbaren [?] Schriftzügen offenbart! Sie lautet: Mensch! Erforsche die Gesetze meiner Schöpfung, und diesen Gesetzen gemäß handle!" (S. 4)

„Indessen gilt auch hier, was in der Einleitung [= obiges Zitat] in Beziehung zu den Hemmungen gesagt wurde, welche Moralisten der Wirksamkeit der Genußsucht entgegenzusetzen versucht haben: Die dem Menschen verliehene Kraft reicht nur aus, selbst wenn sie missbraucht wird, die Wirksamkeit der vom Schöpfer geschaffenen Naturkräfte zu schwächen, nicht aber sie ganz zu paralysiren [...]." (S. 260)

Gossen zielt also nicht auf die *Überwindung* des Menschen ab, sondern darauf, dass *mittels Forschung Einsicht in die Gesetze der Schöpfung erlangt werden soll*, als Bedingung der Möglichkeit dafür, das „Paradies auf Erden" zu realisieren. Der Mensch solle also keine Gesetze *erfinden*, er solle sich auch sonst nicht als Schöpfer versuchen („Menschensatzungen zur Richtschnur nehmen");

vor allem zielt Gossen hiermit darauf ab, von Regulationen des Marktes absehen zu sollen. D e r   Z e n i t   w i r d   n i c h t   i m   Ü b e r k o m m e n   d e s   M e n s c h e n   e r r e i c h t ,   s o n d e r n   i n d e m   d i e s e r   s e i n e   F ä h i g k e i t e n   v o l l   e n t w i c k e l t   u n d   a u s s c h ö p f t .

Er ist daher nur konsequent, wenn er festhält:

„Priester dieser [Gossens] Religion sind die Menschen, denen es gelingt, ein neues Gesetz zu entdecken, oder ein bekanntes näher zu bestimmen, oder seine Erkenntnis weiter zu verbreiten, und sie verkündigen mit jeder neuen Belehrung mit Posaunenschall stärker als der, der die Mauern von Jericho zum Einsturz brachte, die Macht, Weisheit und Güte des Schöpfers." (S. 188)

Wovon Gossen hier berichtet – weit entfernt von „Überwindung der Menschheit" –, das erinnert einprägsam an Ricardo bzw. insgesamt an das Marktgesellschaft-Modell: Die Gemeinsamkeit besteht in der Ausrichtung auf die Erforschung, Anerkennung und Beachtung der Gesetze der Marktwirtschaft – diese explizit im Sinne der Marktgesellschaft genommen! Ricardo wendet sich mit dieser Botschaft auch – und substanziell – an die Arbeiter (Armen), wenn er sie zur Beachtung der „Klugheit" aufruft bzw. die Kultivierung der Klugheit der Arbeiter zu einem gesellschaftlichen Wert erklärt. Ricardo muss hierbei als Unternehmer über eine Klassengrenze hinweg zu den Arbeitern sprechen; f ü r   G o s s e n   g i l t   d i e s   z u m i n d e s t   n i c h t   e x p l i z i t . Implizit ist *Rangordnung* aber auch in seiner Position angelegt (vgl. oben).

Fokussieren wir nun auf den mystischen (pseudoreligiösen) Inhalt der Position Gossens. Zunächst ist bemerkenswert, dass Gossens Vorstellung von „Schöpfer" erstaunlich inhaltsarm ist, um nicht zu sagen, wie es aus der Perspektive der positiven Religionen angeraten ist: *inhaltslos*. Der Schöpfer im Sinne der positiven Religionen ist ein *p e r s o n a l*   v e r s t a n d e n e r   S c h ö p f e r (ganz unabhängig davon, wie sehr Repräsentanten dieser Religionen zur Pervertierung hiervon beigetragen haben). G o s s e n s   S c h ö p f e r   i s t   l e d i g l i c h   e i n   *R e c h e n k ü n s t l e r*. In dieser „Eigenschaft" ist er u. a. zu folgender Berechnung gelangt:

„Denn also brachten es die wundervollen Berechnungen des Schöpfers mit sich, daß die von ihm gewollten unendlich schönen Resultate nur zu erreichen waren, wenn das Mitleid, was er als ein heiliges Gefühl dem Menschen einpflanzte, auf jene Vertheilung der Belohnungen keinen Einfluß übt." (S. 100)

Hierin stimmt Gossen unmittelbar mit Ricardo bzw. allgemein dem marktgesellschaftlichen Denken überein: Hat man die Gesetze der Schöpfung nicht verstanden, so Gossen, so kann man (ununtersucht aus welcher Motivation heraus) versucht sein, dem „heiligen Gefühl" *Mitleid* eine Bedeutung zuzuerkennen, die zu Marktregulation führt, das Wohlfahrt schaffende Potenzial des Marktes unterwandernd. Zieht man hiervon den mystischen, pseudoreligiösen Inhalt ab, so hält man die Argumentation Ricardos in Händen.

Erneut zeigt sich also die wiederholt angemerkte Einheit. Daher ist die Frage angebracht: Wenn Gossen und Ricardo als Ziel der Entwicklung der Menschen die Erforschung, Kenntnis und Beachtung der Marktgesetze begreifen, wie soll sich, was sie dieserart an Gesellschaft anstreben, kategorial von jenem *Sinn der Erde* unterscheiden, den Nietzsche im Übermenschen sieht, auch wenn dieser an sich nicht angestrebt ist? Natürlich sind beide Vorstellungen unterscheidbar; wie sich schon daraus ergibt, dass *alleine* Nietzsche *Sinn der Erde* explizit im Überkommen des Menschen begreift. Auf die Aufhebung dieser Unterscheidbarkeit zielt die Frage aber gar nicht ab: Sie zielt auf die Hervorhebung der Übereinstimmung ab, die darin gegeben ist, dass alle Positionen übereinstimmend eine *invisible hand*-Konstruktion aufweisen, deren Potenzial, den Egoismus zur Quelle allgemeiner Wohlfahrt werden zu lassen, daran krankt, dass *unbegründet* ein mechanistisches Menschenbild verwendet wird.

Das ist wie folgt zu verdeutlichen:

„Hier zeigt sich denn auch, warum beim Vertheilen der Belohnungen an die Producenten dem Mitleid jede Einwirkung versagt bleiben mußte. Das so eben beschriebene Resultat war nur dann zu erzielen, wenn der Mensch den Uebergang von einer Production zur andern so lange und fortwährend bewirkt, sobald diese oder eine andere höhere Belohnung gewährt. Wenn aber in irgend einem Productionszweig die Belohnung des Arbeiters so tief gesunken ist, daß er das Mitleid erregt, dann ist wahrlich mehr wie zureichender Grund vorhanden, einen Umtausch des Productionszweiges vorzunehmen. Würde dem Mitleid dann Raum zu thatkräftigem Handeln gewährt; so würde unter allen Umständen der Uebergang mindestens verzögert, also jenes wünschenswerthe Resultat um so später erreicht." (S. 101)

Das ist ein Plädoyer für die Marktgesellschaft bzw. die Omnipotenz des Marktes, welche sich nur entfalten können solle, wenn sich *alle* Gesellschaftsteilnehmer gleich einem *Homo oeconomicus* verhalten: Die Marktaktualitäten schreiben vor, wie sich zu verhalten ist; sie schreiben das „*du sollst*" (Nietzsche!) vor.

Damit ist nicht gesagt, dass nach Ricardo und Gossen der Mensch *nur* dem „du sollst" unterliegt, das „ich will" völlig fehlt. Der Mensch darf sehr wohl wollen und was er will, dem wird auch Einfluss auf den Markt zugestanden: So darf er neue Moden, Gewohnheiten, technische Innovationen usw. „wollen" und was er dieserart „will", das wirkt sich sogleich auf den Markt aus, da es zu Änderungen in der Angebot-Nachfrage-Aktualität führt. Das lässt sich freilich auch wie folgt verstehen: Ganz gleich, was gewollt wird, jegliches Wollen unterliegt dem strengen „du sollst" des Marktmechanismus. – In diesem Sinne bezieht sich, was gewollt werden darf, auf Marginalien bzw. auf einen Bereich, dem man mit Gossen auch das Mitleid anvertrauen kann. Der Mensch wird geradezu zum „Unterbau" (sensu Nietzsche) der anonymen Marktgesetzlichkeit.

Zuvor ist im Zusammenhang mit Gossens und Ricardos Vorstellung von der Bedeutung der Erforschung der Marktgesetze für die Formung der Gesellschaft die Verwandtschaft hiervon mit Nietzsches *Sinn der Erde* angesprochen worden. Die Vorstellungen Gossen und Ricardos zum Sinn und Unsinn von Mitleid erlauben hierüber hinaus den Vergleich mit Nietzsches *Kriegsmann* („Wikinger" usw.)! Dessen Vorstellungen von Mitleid unterscheiden sich in letzter Konsequenz nur graduell von den Vorstellungen Gossens und Ricardos.

Bisher ist das marktgesellschaftliche Denken anhand von Werken Ricardos und Gossens betrachtet worden. Wirtschaft und Ökonomie haben sich seit der Schaffenszeit dieser Autoren natürlich stark gewandelt. Sie sind aber *nicht grundsätzlich* aus dem anhand Ricardos und Gossens dargelegten Argumentationsduktus herausgetreten; sie haben die dargelegte *Einheit* nicht verlassen. Ich habe dies in meinem Buch *Bedeutung der Wirtschaft* (vgl. Fußnote 15) zu zeigen versucht. Die technischen Innovationen innerhalb Wirtschaft und Ökonomie – zumeist hängen sie mit der immer umfangreicher gewordenen Dynamisierung innerhalb der Wirtschaft zusammen – sind hier vollständig belanglos. Entscheidend ist alleine, dass sie an ein Verständnis von der Gesellschaft angelegt werden, das von der *Homo oeconomicus*-Vorstellung geprägt ist.

Tatsächlich tritt dieses Verständnis nicht als starre Schablone auf; es ist variabel, wiewohl ohne jemals grundsätzlich aufgelöst zu werden. Ein allgemein bekanntes Beispiel für eine aufgelockerte Form des *Homo oeconomicus* bietet Keynes, dessen Nachfragetheorie zudem dem Staat eine Bedeutung gegenüber der Marktwirtschaft einräumt, die sich nicht mehr mit der Vorstellung vom omnipotenten Markt vereinbaren lässt. Friedman, dessen Monetarismus in den 80er Jahren (im Zusammenhang mit der „weltweiten" Stagflation) zum großen Gegenspieler des Keynesianismus geworden ist, würde diese Formulierung („nicht vereinbaren lässt") wohl als irrwitzige Untertreibung bezeichnen. In meinem Buch versuche ich zu zeigen, dass Friedman in substanziell größerem Ausmaß als Keynes eine Zwei-Klassen-Gesellschaft vertritt (u. a. den „lernresistenten Arbeiter" ebenso bemühend wie die „Gier des kleinen Mannes"), freilich im Sinne des „Wohls der gesamten Gesellschaft"; dass die Protagonisten der Marktgesellschaft im Anschluss an Friedman *diese* seine Vorstellung der äußeren Darstellungsweise nach zurücknehmen, *nicht aber dem Inhalt nach*. Man bedient sich also einer – wie ich es oben genannt habe – M a s k e !

Somit kann resümierend festgehalten werden, dass sich die teilweise gegenwärtige „Zärtlichkeit"[20] gegenüber Nietzsche aus besagter *Einheit* herleiten lässt. Diese „Zärtlichkeit" ist Symptom der Problembeladenheit der gegenwärtigen Gesellschaft.

In diesem Sinne l e g e n die gebrachten Ausführungen n a h e , marktgesellschaftliches und faschistisches Denken als Einheit begreifen zu müssen. Die folgende philosophische Betrachtung soll die Möglichkeit eröffnen, tatsächlich begreifen zu können, wovon hiermit die Rede ist.

---

20 Ein Beispiel hierfür ist Van der Bellens Beziehung zu *Also sprach Zarathustra!*

7 Philosophische Überlegungen zu Gesellschaft und Wirtschaft

Ein Bundespräsident irritiert – steht im Titel des vorliegenden Textes. Soweit die Irritation unmittelbar aus der Affinität Van der Bellens zu Nietzsche folgt, sollte jegliches Fragezeichen, wieso von *Irritation* die Rede ist, beseitigt worden sein. Hierüber hinaus hat sich aber gezeigt, dass besagte Affinität auf ein w e i t a u s u m f a s s e n d e r e s, t i e f e r r e i c h e n d e s P r o b l e m verweist, als es mit „Affinität zu Nietzsche" zum Ausdruck kommt.

Die Affinität zu Nietzsche – der wiederholt genannte teilweise „zärtliche" Umgang mit Nietzsche seit dem Zweiten Weltkrieg – irritiert, da sie einem Denken gilt, das seinerseits Affinität zu *faschistischem* Denken besitzt. H i e r z u f e h l t Van der Bellen selbstverständlich j e g l i c h e A f f i n i t ä t. – Im Bundespräsidentenwahlkampf ist Van der Bellen als Garant gegen einen Rechtsruck in Österreich positioniert worden. D a s e n t s p r e c h e n d e E n g a g e m e n t k a n n V a n d e r B e l l e n n i c h t e r n s t h a f t a b g e s p r o c h e n w e r d e n.

Sehr wohl aber ist – auch im Lichte hiervon – folgende Frage aufzuwerfen: W i e *n a c h h a l t i g* k a n n d i e s e s E n g a g e m e n t s e i n, w e n n e s a u s e i n e r P o s i t i o n *i n n e r h a l b* d e r o b e n g e n a n n t e n *E i n h e i t* h e r a u s e n t w i c k e l t w i r d? An dieser Einheit bzw. an dem marktgesellschaftlichen Denken als der paradigmatischen Ausprägung dieser Einheit übt Van der Bellen gerade k e i n e (substanzielle) Kritik! D a s g i l t e s a u c h d e s h a l b z u b e a c h t e n, d a, w i e d a r g e l e g t, o f f e n b a r *i n n e r h a l b* d e r E i n h e i t *k e i n S c h u t z w a l l* g e g e n d i e A u s b i l d u n g f a s c h i s t i s c h e n D e n k e n s b e s t e h t. M e h r n o c h: D i e P r o b l e m e b e g i n n e n *n i c h t e r s t* m i t d e r E t a b l i e r u n g f a s c h i s t i s c h e n D e n k e n s!

Soll aber gehaltvoll die Rede davon sein, dass besagte *Einheit* problembeladen ist, so ist zu erwarten, dass es zu dieser Einheit eine (zumindest potenziell) n i c h t p r o b l e m b e l a d e n e A l t e r n a t i v e gibt. Erst hieraus erwächst, *tatsächlich* von einer Einheit sprechen zu können, da sie gegen etwas abgegrenzt werden kann; dies, wie auch, dass tatsächlich von einer Einheit zu sprechen ist – es könnten auch voneinander an sich unabhängige Positionen vorliegen (zu einer „Einheit" zusammengefasst sein), die bloß in mehreren Punkten miteinander übereinstimmen! – gilt es nun zu zeigen.

Aus meiner Perspektive gibt es diese Alternative und ich habe sie (u. a.) in den in Fußnote 15 angeführten Büchern darzustellen versucht.[21] Die folgenden Ausführungen sollen einen allgemeinen Eindruck dessen vermitteln, was diese Alternative meinem Dafürhalten nach auszeichnet.

7.1 Philosophisches Fundament

Der Ausgangspunkt meiner Überlegungen besteht in der k o n s e q u e n t e n Beachtung des logischen Induktionsproblems. Das besagt, dass k o n s e q u e n t beachtet wird, in den Inhalten der Sinneswahrnehmung a u s n a h m s l o s über etwas zu verfügen, das n i c h t von notwendiger Geltung ist = das von kontingen-

---

[21] Dieser Versuch baut kritisch auf den Positionen Platons und Hegels auf! – „Aha!" mag man sich angesichts hiervon denken: „Platon und Hegel stehen doch faschistischem Denken (zumindest) um nichts weniger fern als Nietzsche. Popper hat dies in seinem Buch *Die Feinde der offenen Gesellschaft* gezeigt!" Tatsächlich hat Popper das n i c h t gezeigt; *es trifft auch schlicht und einfach nicht zu*, wie ich an anderem Ort genauer zeigen werde. Popper zeigt in seinem Buch etwas anderes: Dass er vor Erfindungen nicht zurückschreckt, wenn es gilt, Philosophen herabzuwürdigen, deren Philosophien zu einer fundamentalen Kritik an der Marktgesellschaft herangezogen werden können. Irgendwo schreibt Popper, dass er Aristoteles oft „unrecht getan hat"; er hätte es nicht bei der Nennung Aristoteles' belassen brauchen.

ter Geltung ist.[22] Das wiederum bedeutet: Besagte Inhalte liefern *nichts*, das mir das *Fundament* des Hinterfragens sein kann; das also meinem Hinterfragen jenes ist, was selbst nicht mehr hinterfragt zu werden braucht. Dessen bedarf ich aber, will ich mich nicht auf „stammeln" zurückziehen. – Ich m u s s über dieses Fundament verfügen, da ich anders überhaupt nicht gehaltvoll hinterfragen und bedenken kann.[23]

---

[22] Hiermit ist gemeint: Was ich mit den Sinnesorganen wahrnehme, das nehme ich *hier und jetzt* wahr, als im *Hier und Jetzt* „seiend". Ich nehme also immer nur eine Aktualität wahr. In der Zeitachse, also in der Abfolge von Jetzts, nehme ich somit eine Abfolge von Aktualitäten wahr. In dieser Abfolge müssen Regelhaftigkeiten zum Ausdruck kommen, da ich ansonsten reine Chaotizität wahrgenommen hätte, was niemals Sinn machen kann. Meine Vorstellungen von diesen Regelhaftigkeiten müssen nicht eindeutig sein und können vor allem auf keinen Fall ein Fundament für das Hinterfragen abgeben, da sie sich ja ausschließlich aus Aktualitäten ergeben.
Betrachte ich nur die Sinneswahrnehmungen, so kann ich nur festhalten, dass ich etwas betrachte, das nicht regellos sein kann, die Regeln selbst aber kann ich rein anhand dieser Wahrnehmungen nicht thematisch machen. = Indem ich in die Welt blicke, ist mir, was ich wahrnehme, zu Hinterfragendes, konkret, da es Werdendes, Vergehendes usw. ist. Somit muss mir a l l e s , was ich wahrnehme, zu Hinterfragendes sein bzw. kann hierbei nichts auftreten, das mich seines Hinterfragens enthebt, meinem Hinterfragen zum Fundament werdend. Derartiges könnte im Wahrnehmen nur auftreten, wenn Nicht-Werdendes usw. wahrgenommen werden könnte, was nicht möglich ist. Das ergibt sich bereits daraus, dass Werdendes, Vergehendes usw. nicht mit Nicht-Werdendem usw. verknüpft sein können.
Aus den Aktualitäten, gleichgültig wie viele ich registriert habe, kann also kein das Wissen erweiternder (bei gleichzeitiger Wissenskonservierung!) Schluss begründet gezogen werden. Hier hilft auch der Verweis darauf nicht weiter, dass das Hinterfragen keinesfalls mit einer Tabularasa-Situation begonnen haben kann; wäre mir tatsächlich alles zu Hinterfragendes, ich könnte nicht einmal eine Frage formulieren! Eben diesen Umstand gilt es k o n s e q u e n t zu beachten. – Wie bereits angemerkt, ist z. B. die *Homo oeconomicus*-Aussage Ausdruck davon, diese Konsequenz nicht aufbieten zu können (vgl. Senz, W. 2012a, b; siehe Fußnote 15).

[23] Habe ich kein begründetes Fundament, so versandet mein Hinterfragen zwingend im unendlichen Regress!

Angesichts hiervon ist zu beachten, dass mein Hinterfragen mit der Beachtung der Inhalte der Sinnesinhalte b e g i n n t ; es beginnt mit der *Welt*-Betrachtung, wenn mit *Welt* die Gesamtheit der Inhalte der Sinneswahrnehmungen bezeichnet ist (hierüber herrscht in der Philosophie eine geradezu beklemmende Einigkeit!). Es beginnt also mit etwas, in dem sich das Fundament des Hinterfragens a n u n d f ü r s i c h [24] *nicht* zeigt: Zu diesem Fundament muss ich im Hinterfragen *vordringen*; wiewohl es *auf jeden Fall uranfänglich gegeben sein muss*, da ich ohne Fundament nicht vernünftig hinterfragen kann. Ich muss also die Ebene der Sinneswahrnehmungen ü b e r s t e i g e n ,[25] offenbar um etwas thematisieren (vergegenwärtigen) zu können, zu dem ich anfänglich nicht in Getrenntheit gewesen sein kann. = In Fraglosigkeit ist dem Ich jenes gegeben, das es übersteigen soll, um das an sich nicht fraglos gegebene, aber da sein müssende Fundament thematisch machen zu können.

I n d i e s e m S i n n i s t d a s *A u f s u c h e n* d e s F u n d a m e n t e s d e s H i n t e r f r a g e n s d i e *u r a n f ä n g l i c h* d e m I c h g e s t e l l t e A u f g a b e . Es soll also im *Übersteigen* der Welt-Betrachtung zu jenem finden, das t a t s ä c h l i c h e V e r g e g e n w ä r t i g u n g des Seins ist. Das umfasst, dass erst mit dem Gelingen dieser Anstrengung *Welt* zutreffend verstanden sein kann: N u n e r s t kann *Welt* aus dem Wissen um jenes, das f u n d i e r t das Sein aussagen lässt, begriffen werden.

---

24 Der gesperrt geschriebene Ausdruck ist nötig, da, wie noch zu konkretisieren sein wird, die Weltbetrachtung nicht in Getrenntheit zu dem Fundament des Bedenkens und Hinterfragens sein kann. = Das Fundament *an sich* fehlt in der Weltbetrachtung (die Bedeutung von „übersteigen" ergebend), muss aber repräsentiert sein, um nicht die Weltbetrachtung (mit ihr wird der Anfang genommen!) zu verunmöglichen.

25 „Übersteigen" ist kein philosophischer Fachausdruck; der Begriff soll dem umgangssprachlichen Gebrauch nach genommen werden. Kants „transzendieren" ist hiermit nur näherungsweise gemeint, was sich schon daraus ergibt, dass ich, wie bereits angemerkt, primär Platon und Hegel folge.

Das beinhaltet vor allem: Es braucht nicht mehr die Quadratur des Kreises versucht zu werden, *Fundament (an und für sich)* mit *Welt* zu verbinden, was nicht möglich ist.

Das mag sich zunächst nach *Weltflucht* anhören; aber wie soll man vor etwas *fliehen* können, das gar nicht an sich ist (= die Welt als Fundament)? Zudem: Die Beachtung der Welt verliert überhaupt nicht an Bedeutung (auch insofern liegt keine „Flucht" vor); im Gegenteil: J e t z t   e r s t kann sie zutreffend begriffen werden.

Angesichts hiervon seien jene Sätze festgehalten, die sich im Lichte der soeben entwickelten Überlegung aus der konsequenten Beachtung des logischen Induktionsproblems ergeben:

1. S a t z : Stehe ich grundsätzlich vor der Aufgabe, die Welt-Betrachtung übersteigen zu sollen, so kann hiervon nur dann gehaltvoll die Rede sein, wenn ich *im Vollzug hiervon* zu einem Inhalt finde, der sich in der anfänglichen Weltbetrachtung *nicht finden* lässt. Andernfalls ist besagtes *Übersteigen* v ö l l i g   s i n n l o s , was aber aufgrund des logischen Induktionsproblems gerade nicht der Fall sein kann.

2. S a t z : Was ich im Übersteigen der Welt-Betrachtung vergegenwärtigen soll (und das mir also Fundament des Hinterfragens ist), das kann mir anfänglich *nicht an und für sich* fremd (unbekannt) sein, da ich in keiner Situation in völliger Getrenntheit zum Fundament des Hinterfragens sein kann (ist diese Getrenntheit gegeben: Mein Hinterfragen versandet im unendlichen Regress).[26]

---

26 Dieser Satz enthält eine dialektische Verschränkung von *anfänglich* und *jedem Anfang voraus*, die im Rahmen des vorliegenden Textes unmöglich positiv dargelegt werden kann (vgl. Senz, W. 2012a, b; siehe Fußnote 15)

3. SATZ: Gemäß dem logischen Induktionsproblem ist jegliche Aussage zur Welt, wie sie mir anfänglich entgegentritt, eine zu hinterfragende Aussage. Das Fundament des Hinterfragens bzw. die in der Weltbetrachtung nicht gegeben sein könnenden Inhalte zum Sein sind mir zugleich etwas, zu dem ich im Hinterfragen *vordringen* muss. Somit bleibt: Lediglich mein Hinterfragen und somit mein Dasein („Ich bin") erweisen sich mir *anfänglich* als n o t w e n d i g a u s z u s a g e n d, da ich ohne meinem hinterfragenden Dasein überhaupt nicht von den genannten Problemen sprechen könnte. D i e B e t r a c h t u n g m u s s m i t d e r A u s s a g e „ I c h b i n" d e n A n f a n g n e h m e n.[27] Am Anfang muss also die Fokussierung auf Ich gegeben sein; *wiewohl nicht auf das weltliche Ich!*

D i e s e d r e i S ä t z e s o l l e n i m R a h m e n d e s v o r l i e g e n d e n T e x t e s g e n ü g e n. Sie erlauben folgende AUSSAGE:
Der Fokus der Betrachtung hat auf „Ich bin" zu liegen, wie es Fundament des Hinterfragens ist. In Verknüpfung mit dem Ich in „Ich bin", das also an und für sich n i c h t das *weltliche* Ich sein kann, muss sich jener Inhalt zeigen, der sich aus der alleinigen Betrachtung der Welt nicht erfassen lässt; *also auch nicht aus der Betrachtung des weltlichen Ich!*

1. KONKRETISIERUNG: D e r g e s u c h t e I n h a l t i s t d a s *P e r s o n - S e i n* v o n I c h. Das meint, den Begriff zunächst negativ bestimmend: Das *weltliche Ich* (das also nicht das an und für sich seiende Ich ist!) ist ein bedürfendes Ich bzw. ein solches, das notwendig *weltliche Bedürfnisse* zu befriedigen versucht; in Rücksicht hierauf zeigt es sich als h i n t e r f r a g e n d e s Ich und ihm ist ein *Wert* zuzuordnen: Es soll am Dasein bleiben, und zwar nicht bloß irgendwie, sondern auf eine ihm gemäße Art und Weise.

---

[27] Die Übereinstimmung dieser Fokussierung auf „Ich bin" mit der Fokussierung auf *Ich* bei Descartes und Fichte ist weitestgehend oberflächlicher Art!

Im Lichte hiervon ist zu beachten: Das weltliche Ich ist nicht an und für sich das Ich gemäß „Ich bin" – es ist nicht an und für sich seiend[28] –, aber auch nicht ein Anderes als dieses, da, wäre es Anderes, die Vergegenwärtigung des weltlichen Ichs ohne Fundament bliebe. Mehr noch: Der Anfang des Hinterfragens (bezogen auf Ich gemäß „Ich bin") bliebe ohne Anfang, was auszuschließen ist.

Somit muss auch das Ich gemäß „Ich bin", eben da es seinerseits nichts Anderes als das weltliche Ich ist, *bedürfendes* Ich sein. Ist daher *Bedürfendes-Sein* in Rücksicht auf Ich gemäß „Ich bin" mit Inhalt auszufüllen, so bietet sich nur das Gelingen des Übersteigens, also das Sich-dem-So-Sein-nach-Vergegenwärtigen, als (fundamentales) Bedürfnis an.[29] Hierin kommt also die *eigentliche* Herausforderung zum Ausdruck (= Herausforderung/Aufgabe *an und für sich*), die uranfänglich an das Ich gestellt ist.

Bezeichnet man nun das Ich, wie es im Vollzug des Übersteigens erkannt wird, als *personales Ich*[30] (*Person*), um es auch terminologisch gegenüber dem *weltlichen Ich* abheben zu können, so lautet die eigentliche Herausforderung, vor der das Ich steht, zur Vergegenwärtigung seines Person-Seins vorzudringen; nicht zuletzt um willen davon, seine weltlichen Bedürfnisse richtig verstehen zu können.

---

28 *Nirgendwo* existiert es *rein für sich*; das Sein, wie es in Rücksicht auf das weltliche Ich bzw. Welt insgesamt im Bedenken entgegentritt, ist ausschließlich in Relation zum So-Sein des Vergegenwärtigens des Ichs gemäß „Ich bin" zu begreifen! Das weltliche Ich, eben da es nicht Anderes als das Ich gemäß „Ich bin" ist, ist aber auch nicht Nicht-Sein. Die positive Darstellung hiervon im Namen der Dialektik wird an anderem Ort gegeben.

29 An angegebenem Ort (vgl. Fußnote 15) zeige ich, dass das Ich nicht in der Position ist, sich für oder wider den Umgang mit seinem Bedürfnis entscheiden zu können, sondern explizit der Vollzug dieses Umganges ist.

30 Dies ist also die positive Bezeichnung für Ich gemäß „Ich bin".

2. KONKRETISIERUNG: Dem personalen Ich kommt *Würde* (Dignität) zu, wohingegen dem weltlichen Ich „lediglich" *Wertigkeit* zukommt. *Das meint:* Die weltliche Ebene ist eine mechanistisch beschreibbare Ebene: Jeder Mensch (im Sinne von: *Weltliches* Ich) bzw. jedes Lebewesen zeigt sich in einer wirkursächlichen Vernetzung mit der unbelebten Natur, die den Lebewesen v o l l s t ä n d i g g l e i c h g ü l t i g „gegenübersteht". Trotzdem sind es die in der unbelebten Natur herrschenden mechanistischen[31] Regeln, die die Bedingung der Möglichkeit von Im-Da-Sein-bleiben der Lebewesen abgeben.[32] Mehr noch: Aus ebendiesen Regeln der unbelebten Natur sind im Rahmen der Evolution zum

---

31 Zum Begriff *mechanistisch* ist festzuhalten: Füllt man Wasser in ein Gefäß und bringt es in das Tiefkühlfach seines Kühlschranks, so wird es zu Eis. Selbige schmilzt wiederum zu Wasser, wenn das Gefäß auf eine heiße Herdplatte gestellt wird. Das sind gesetzlich *determinierte* Vorgänge bar jedes Freiheitsgrades. Die Liste derartiger Vorgänge ließe sich „unendlich" verlängern. Die unbelebte Natur lässt sich aber nicht auf derartige Determinismen reduzieren; ihr wohnen auch indeterministische Vorgänge ein. Aber auch sie sind bar jeder Freiheit. *Indeterminismus ist nicht mit Freiheit gleichzusetzen!* = Daraus, dass etwas nicht determiniert ist, folgt nicht schon, dass es frei in dem Sinne ist, eine Entscheidung (Wahl) treffen zu können. Mit *mechanistisch* ist dieses Ensemble aus Determiniertheit und Nichtdeterminiertheit bezeichnet. Der Begriff ist also gegen Entscheidungsfreiheit (und also nicht *Nichtdeterminiertheit*) abzugrenzen. Hierin wurzelt die Zwecklosigkeit/Sinnlosigkeit der unbelebten Natur = ihre Gleichgültigkeit gegenüber den Lebewesen. Da aber Sinn und Zweck nur aussagbar sind, wenn sie, worauf sie gemünzt sind, mit einem Ziel verknüpft werden k, müssen auch die weltlichen Ichs bzw. Lebewesen allgemein, auf mechanistisch reduzierbar sein; anders als das personale Ich. Was dies für die nichtmenschlichen Lebewesen (Pflanze, Tiere usw.) bedeutet, nämlich gerade nicht, in Disjunktion zu den Menschen zu sein, habe ich u.a. in Senz, W. 2012b dargelegt (vgl. Fußnote 15).

32 Das besagt nicht, dass sich alle weltlichen Regeln/Gesetze auf solche der unbelebten Natur reduzieren lassen!

Menschen (im Sinne von *weltliches Ich*[33]) gesellschaftliche Regeln entwickelt. Diese müssen nicht mehr trivial mechanistisch verstanden werden, ohne deshalb in Disjunktion zu ihrer mechanistischen Basis sein zu können. Zudem ist zu beachten: Sie können nicht vom Menschen geschaffen sein, denn wie hätte er – orientierungslos – die Zeitspanne des Schaffungsprozesses überleben können.

Wie verhält es sich diesbezüglich mit dem *personalen* Ich? Zur Beantwortung dieser Frage ist zunächst festzuhalten: Das *personale* Ich muss von dem *weltlichen* Ich so unterschieden werden, dass klar ersichtlich ist, den *Überstieg* tatsächlich erbracht zu haben, also nicht länger auf jenes zu fokussieren, das an und für sich kein Fundament hat.[34] Das besagt auf jeden Fall, das mechanistische Verständnis in Hinsicht auf das weltliche Ich nicht auf die Betrachtung des personalen Ichs übertragen zu dürfen. Zudem: Auch besagte *Gleichgültigkeit* dessen, das jene Ordnung gründet, deren Erschaffer das Ich selbst nicht sein kann, ist ausschließlich auf das *weltliche* Ich zu beziehen.

Demgegenüber hält sich durch, dass das Ich gemäß „Ich bin" ebenso wie das weltliche Ich nicht Schöpfer jener Ordnung sein kann, die als Bedingung der Möglichkeit davon zu verstehen ist, dass das Um-sich-bemüht-Sein gelingen *kann*. Von diesem „hält sich durch" muss die Rede sein können, da beide Ichs eben nicht

---

33 Auf folgenden Umstand sei aufmerksam gemacht: Von dem weltlichen Ich ist nicht notwendig auszusagen, dass es da ist; gemäß der der Evolution einwohnenden Zufälligkeit ist die gesamte Menschheit nicht mit Notwendigkeit aufgetreten. Zum personalen Ich ist aber ausgesagt worden, dass es sich nicht anders als im Vollzug seines Hinterfragens seiend verstehen kann, worin Notwendigkeit zum Ausdruck kommt. Die Auflösung dieser scheinbaren Aporie enthält Senz, W. 2012b (siehe Fußnote 15)
34 Die Schwierigkeit für die philosophische Analyse hiervon besteht darin, „Unterscheidbarkeit" nicht so weit zu treiben, dass das weltliche und das personale Ich einander letztlich in *Getrenntheit* gegenüberstehen!

einander Anderes sind, sodass sich in dem hiermit bezeichneten Inhalt zugleich aber die Differenz zwischen beiden Ichs ausdrücken muss: Worauf hiermit in Rücksicht auf Ich gemäß „Ich bin" abgezielt ist, das erhellt, wenn bedacht wird, dass mit dem Übersteigen des weltlichen Ichs – der Welt – auch *Zeitlichkeit* überstiegen wird; daher muss notwendig davon die Rede sein, dass dieses Ich als **uranfänglich im Vollzug** seines Um-sich-bemüht-Seins ist. Das beinhaltet, dass es nicht bedingt sein kann, was für das weltliche Ich aufgrund seiner Verflechtung mit der Natur (Stichwort: Evolution) und gesellschaftlichen Aktualitäten sehr wohl gilt.

Hierin kommt zum Ausdruck, dass das Bemühen um die Bedürfnisbefriedigung des Ich gemäß „Ich bin" klar zu unterscheiden ist von jener des weltlichen Ich; wiewohl konkret im Sinne von Nicht-Anderes-Sein. Worauf *hiermit* verwiesen ist, das besagt aber nicht Identität, was einfordert, in Rücksicht auf das Ich gemäß „Ich bin" **nicht wieder** von *Wert* sprechen zu dürfen. **Was daher zu diesem Ich festzuhalten ist, das sei als** *Würde (Dignität)* **bezeichnet.** Diese ist hiermit kaum positiv dargestellt, doch muss es aufgrund des Rahmens des vorliegenden Textes hierbei belassen bleiben.[35]

3. K O N K R E T I S I E R U N G : Das Übersteigen-*Sollen* der weltlichen Ebene ist dem Menschen *Aufgabe* bzw. *Herausforderung*, im Umgang mit der er sich bewähren soll. = Es bewährt sich, indem es zur Thematisierung seines Person-Seins, seiner Würde vor-

---

[35] In den in Fußnote 15 angegebenen Büchern wird die positive Darstellung vor allem aus dem Satz abgeleitet, dass das Ich als ein *Eines* zu verstehen ist, das in differenzieller Eigenständigkeit das *das* Eines (= das Sein an und für sich) nicht an sich ist bzw. in zwei-einheitlicher Differenz zu dem *das* Eines an und für sich dessen Nicht-an-sich-Sein ist. In diesem Sinne *ist* das Ich Hinterfragen bzw. Bedürfendes, das sich aufgrund der Zweieinheitlichkeit des Bedenkens als jenes des personalen Ichs und des weltlichen Ichs (als dessen Nicht-an-sich-Sein) zeigt. Daher auch wird es – ausgehend von der Betrachtung des weltlichen Ichs – im Übersteigen nicht abgelegt.

dringt und nicht sein Bemühen als weltliches Ich zur Grundlage seines Bemühens macht; dieses wird aus jenem heraus konzipiert.

Somit muss es eine Alternative zu dem geben, was im Übersteigen erreicht werden s o l l; ohne Alternative kann die fundamentale Aufgabe gar nicht Aufgabe sein. Diese Alternative muss es daher auch sein, die das Denken und Handeln eines Ichs bestimmt, wenn es n i c h t die Alternative *Übersteigen* wählt.

In anderen Worten: Dem Menschen müssen sich a n f ä n g l i c h zwei alternative Möglichkeiten für die Lösung der ihm fundamental gestellten Aufgabe offerieren. Die eine Alternative bezeichnet das Übersteigen der weltlichen Ebene; sie führt zu jenen Inhalten, die den Menschen tatsächlich seinem So-Sein nach angeben. Die andere Alternative, also die z u r ü c k z u w e i s e n d e Alternative, suggeriert, auf das Übersteigen v e r z i c h t e n zu können, da *alle vernünftigen Inhalte* zum So-Sein des Menschen *innerhalb* der Analyse der weltlichen Ebene gefunden werden können. Diese Alternative muss daher eine *reduktionistische Verzerrung* jener Inhalte bieten, die tatsächlich (im Übersteigen) zu erreichen sind. Es muss sich also dieserart ein reduktionistisches, *i n s i c h   a b e r s t i m m i g e s* Zerrbild dessen erzielen lassen, das tatsächlich auszusagen ist, da anders n i c h t von dieser zweiten Alternative gesprochen werden könnte[36]; einem sich hierfür entscheidenden Menschen müsste s o f o r t evident sein, *falsch* gewählt zu haben.[37]

---

36 Betont sei: Nur indem beide Alternativen Vorstellungen zum *selben* Aussagesubjekt (Ich) bieten, sind sie tatsächlich Alternativen.

37 Die Würde des personalen Ichs ergibt sich vor allem daraus, im Umgang mit den beiden sich darbietenden Alternativen (Wahl!) *Eigenständig* zu sein; anders als im Falle des weltlichen Ichs ist sein Bedenken, Hinterfragen usw. nicht von dem Herrschen weltlich-mechanischer Regeln/Gesetze geprägt. – Mehr als anderswo im vorliegenden Text macht sich hier die aufgrund des abgesteckten Rahmens beengte Möglichkeit zur positiven Argumentation unangenehm bemerkbar. Eine triviale Vorstellung von *Eigenständigkeit* kann hier nicht gemeint sein, da in diesem Fall das weltliche und das personale Ich letztlich doch noch in Getrenntheit vorliegen würden!

Was hiermit zum Ich (Menschen) ausgesagt ist, das gilt es nun an das Ich als Teil der Gesellschaft bzw. diese selbst anzulegen:

1. AUSSAGE: *Alle* Ichs sind *gleichwürdig*, da alle Ichs *einheitlich* als der Vollzug des Umgangs mit der fundamentalen Herausforderung zu verstehen sind. Diese Aussage bezieht sich *explizit* auf die *personalen* Ichs!

KONKRETISIERUNG: *Gleichwürdigkeit* kann nichts mit Nivellieren (Gleichmacherei) zu schaffen haben, da dieser Begriff, als Ausdruck der Kritik an einer substanziellen Beachtung der Gleichheit der Menschen, wenn er sich überhaupt auf etwas bezieht, auf die *weltlichen* Ichs bezieht. *Hiervon ist hier aber nicht die Rede.*

2. AUSSAGE: Jedes Ich, wie es um die Lösung der fundamental gestellten Aufgabe (Herausforderung) bemüht ist, ist im Vollzug seines Bemüht-Seins zugleich eingebunden in Beziehungen zu anderen Ichs: Es beeinflusst *deren* Bemüht-Sein, so wie es seinerseits von deren Bemüht-Sein beeinflusst wird. Hierin liegt: Das Übersteigen des weltlichen Ichs hat konsequent zu geschehen. Es muss auch dessen *raumzeitliche Begrenzung* umfassen: nicht zuletzt in Hinsicht auf die jeweils anderen Ichs.[38] Somit wird der *atomistische* Blick auf die Ichs im Übersteigen *aufgelöst*.

Die *Auflösung* des atomistischen Blicks führt dazu, das Bemüht-Sein-*um-sich* nicht mehr in Getrenntheit zu Bemüht-Sein-*um-die-Gesellschaft* verstehen zu können. Genauer: Soll der Begriff *Gesellschaft* der Betrachtung der weltlichen Ebene vorbehalten bleiben (um willen davon, der Differenz zwischen personaler

---

38 Hierin kommt eine Dialektik von *Ich als Individuation von Wir* und *Ich als eines an und für sich* zum Ausdruck, die in dem vorliegenden Text ebenfalls nicht positiv konkretisiert werden kann.

und weltlicher Ebene hinreichend Ausdruck verleihen zu können), so ist konkret von B e m ü h t - S e i n - u m - *Wir* zu sprechen. = I n d e m   d a s   I c h   u m   s i c h   b e m ü h t   i s t ,   s o l l es *zugleich* um die Anerkennung der Gleichwürdigkeit der *Wir* ergebenden Menschen (= aller Menschen!) bemüht sein; es ist hierum bemüht, kann hieran aber auch scheitern.

Konkretisierung: Der *anfängliche* Blick in die Welt (wie er also die Alternative *Übersteigen* und jene der Missachtung hiervon anbietet) muss in Hinsicht auf die weltlichen Ichs derart deren Gleichwertigkeit zeigen, dass *v o n   h i e r   a u s* zur Gleichwürdigkeit der Ichs gefunden werden kann, *e b e n s o* w i e z u   e i n e r   r e d u k t i o n i s t i s c h e n   V e r z e r r u n g   h i e r v o n ,   d e r e n   E r g e b n i s   s o m i t   d a s   R e d e n   v o n   e i n e r   *G l e i c h h e i t   u n t e r w a n d e r n d e n   G l e i c h w e r t i g k e i t*   s e i n   m u s s [39] (= an der Aufgabe, die Gleichwürdigkeit der Menschen zu beachten, ist *gescheitert* worden!).

Welche Sätze zur Gesellschaft, wie sie *anfänglich* gemäß „Blick in die Welt" dem Vergegenwärtigen entgegentritt, ergeben sich aufgrund der bisherigen Feststellungen?

1. S a t z : Die Dynamiken des Um-sich-bemüht-Seins der einzelnen Menschen einer Gesellschaft müssen in ihrer Bezogenheit aufeinander derart sein, dass potenziell ein G l e i c h g e w i c h t s z u s t a n d in der Gesellschaft erzielt werden kann (= die Bemühungen aller weltlichen Ichs werden in der Gesellschaft im Sinne des Beachten-Wollens der Gleichwertigkeit der Ichs gefördert), als Ausdruck der Beachtung der Gleich*wertigkeit* aller Menschen.

2 . S a t z : Auszuschließen ist, dass ein Ich sein Bemüht-Sein um sich auf Regeln (Gesetzen) gründen kann, deren „Schöpfer" es selbst ist; wie hätte es v o r dem „Schöpfungsakt" um sich be-

---

39 Hierin wurzelt , was oben als *Maske* bezeichnet worden ist!

müht sein können? – Damit ist überhaupt nichts über die Sinnhaftigkeit davon gesagt, regulativ in die *vorgefundenen* sein müssenden gesellschaftlichen Regeln eingreifen zu müssen!

Das ist wie folgt von Bedeutung: D a s   f u n d a m e n t a l e   R e g e l w e r k   d e r   (w e l t l i c h e n)   G e s e l l s c h a f t   i s t   i n   F o r m   d e r   *W i r t s c h a f t*   g e g e b e n . Das besagt: *Wirtschaft* bezeichnet den unmittelbaren *gesellschaftlichen* Umgang (Produktion und Allokation) mit den Gütern zur Bedürfnisbefriedigung der *weltlichen* Ichs. Den nicht geschaffen sein könnenden (!) Gesetzen der Wirtschaft muss also jenes einwohnen, das im ersten Satz in Hinsicht auf *potenzieller Gleichgewichtszustand* angeführt ist, was diesen also potenziell Realität sein lässt.

1. KONKRETISIERUNG: Die Wirtschaft ist n u r in Hinsicht auf die w e l t l i c h e n Ichs bzw. Gesellschaft fundamental bzw. überhaupt von Bedeutung. Sie muss daher von *mechanistischen* Regeln und Gesetzen geprägt sein.

2. KONKRETISIERUNG: Die Wirtschaft hat mit Gütern der Befriedigung der weltlichen Bedürfnisse zu schaffen. Im Vollzug der Wirtschaft werden diese zu W a r e n : Das einzelne Gut repräsentiert nicht nur seinen materialen Gebrauchswert für seinen Besitzer (ein weltliches Ich kann zum Besitzer geworden sein, da es zuvor als Käufer aufgetreten ist!), sondern indem es in besagtem Vollzug auftritt, ist es zugleich Materialisation davon, *inwieweit ein Ich sich darauf versteht*, i n   d e r   A n e r k e n n u n g   d e s   Ü b e r s t e i g e n - S o l l e n s   d e r   w e l t l i c h e n   E b e n e   d i e   V e r g e g e n w ä r t i g u n g   d e r   *G l e i c h w ü r d i g k e i t*   d e r   M e n s c h e n   z u   e r z i e l e n .

3. KONKRETISIERUNG: In diesem Sinne sind sich alle Waren *gleich*; der jeweils spezielle *Gebrauchswert*, den ein *Gut* darstellt, ist in ihnen nicht enthalten. Dieses Fehlen ist zunächst *abstraktiv* zu verstehen und bedeutet, dass n o c h   i n n e r h a l b   d e r   w e l t l i c h e n   Ebene etwas – die Waren – auftritt, das n i c h t   u n m i t t e l b a r mit dem logischen Induktionsproblem behaftet ist, was für den

Bereich der Güter (ihrer Herstellung und Allokation) notwendig gilt. Die Regeln und Gesetze der Wirtschaft beziehen sich daher unmittelbar immer auf *Waren*.

Das meint: Als *Ware* ist ein *Gut* nicht mehr unmittelbar auf die Befriedigung des weltlichen Ichs als einem solchen bezogen, sondern auf die Befriedigung des Bedürfnisses des *personalen* Ichs ausgerichtet, sich mittels Übersteigen-Sollen als solches zu vergegenwärtigen. In anderen Worten: Die Realisierung hiervon gelingt nur, wenn besagtem abstraktiven Schritt vom Gut zur Ware bzw. die hiermit eingeleitete Lösung des logischen Induktionsproblems der Schritt *Übersteigen der weltlichen Ebene* folgt! Unterbleibt er, wird also in der weltlichen Ebene verblieben, das personale Ich missachtend, so muss in Rücksicht auf *Ware* eine reduktionistisch-mechanistisch verzerrte Vorstellung dessen auftreten, zu dem mit dem ersten Schritt vorzudringen begonnen worden ist.[40]

Die Quintessenz hiervon besagt somit: *Schon innerhalb* der weltlichen Ebene muss es ein (nicht von Menschen „geschaffenes") Regelwerk geben, das nicht mehr unmittelbar mit dem logischen Induktionsproblem behaftet ist, wiewohl es dahingehend mit diesem verknüpft ist, dass erst aus dem Übersteigen der weltlichen Ebene zu dem tatsächlichen Fundament des Hinterfragens und Bedenkens vorgedrungen wird bzw. ein reduktionistisch verzerrtes Verständnis provoziert wird, wenn besagtes Regelwerk aufgrund der Missachtung des Übersteigens zu besagtem Fundament erklärt wird.

In anderen Worten: Schon innerhalb der weltlichen Ebene muss es etwas geben, das derart in Distanz zur dinglichen Kontingenz und somit zum logischen Induktionsproblem steht, dass es *suggeriert*, mit seiner Betrachtung jenes gefunden zu haben, was das Reden vom Übersteigen-Sollen zu Unsinn werden lässt (zwei Alternativen!).

---

40 Nicht zuletzt hierin wurzelt die immense Bedeutung der Mathematik für die Ökonomie, wie sie vor allem die Neoklassik vertritt.

Dieses Reden vom Unsinn *Übersteigen-Sollen* findet seinen Ausdruck in einer Ökonomie, die meint, das Fundament zu einer gleichgewichtigen Gesellschaft im Sinne der Beachtung der Gleichwürdigkeit des Ichs legen zu können, *ohne diesen Begriff zunächst aus den im Übersteigen sich zeigenden Inhalten herzuleiten.*

4. Konkretisierung: Wie dargelegt, zeigt sich im weltlichen Ich das personale Ich nicht dem So-Sein nach, da, wäre dem der Fall, wäre das Übersteigen der weltlichen Ebene vollständig sinnlos. In diesem Sinne muss *Ware* etwas einwohnen, das sie – völlig unabhängig vom Gebrauchswert (Gut) – zur Materialisation von Vorstellungen zu eben der Beachtung der Gleichwürdigkeit der Menschen werden lässt. In anderen Worten: In *Ware* (die ein Gut also n u r in der *wirtschaftlichen* Dynamik sein kann, also im gesellschaftlichen Kontext!) muss sich ausdrücken, ob ein Mensch zur Einsicht in den Umstand vordringt, sein *eigentliches Bedürfnis* in der Vergegenwärtigung seines Person-Seins und der Gleichwürdigkeit der Menschen zu haben, o d e r   a u f   n o t w e n d i g   r e d u k t i o n i s t i s c h   v e r z e r r e n d e   W e i s e   s e i n e   V o r s t e l l u n g   v o n *eigentliches Bedürfnis* i n   d i e   w e l t l i c h e   E b e n e   v e r l e g t : Das hierbei auftreten müssende Z e r r b i l d erlaubt nicht mehr, d i e B e d e u t u n g   d e r   W i r t s c h a f t   a u f   d i e   w e l t l i c h e   E b e n e   e i n z u g r e n z e n !

3. Satz: Die fundamentale Bedeutung des logischen Induktionsproblems hat sich daraus ergeben, dass innerhalb der Welt nirgendwo reine Notwendigkeit herrscht. Es herrscht freilich auch nirgendwo reine Chaotizität (eine rein chaotische Welt bräuchte nicht wahrgenommen zu werden; was hier und jetzt gültig ist, ist im nächsten Moment vollständig belanglos!). Hieraus folgt, d a s s   i n   d e r   w e l t l i c h e n   E b e n e   d i e   Z u k u n f t   n i c h t   i n   d i e   G e g e n w a r t   e i n g e f a l t e t   s e i n   k a n n, obschon Regelhaftigkeit herrscht. Für die Wirtschaft bedeutet dies, dass sie nicht trivial planbar ist. Es muss eine S u c h s t r a t e g i e geben, basierend auf festzustellenden Regelhaftigkeiten (Gesetzlichkei-

ten). Selbstverständlich ist hier von dem *Markt* die Rede, wie er auf *Konkurrenz* aufbaut.

1. KONKRETISIERUNG: *Der freie Warenmarkt ist es, der eine potenziell gleichgewichtige Wirtschaft im zuvor dargelegten Sinn ermöglicht.* Dieser Satz ist aber erst verstanden, wenn er explizit im Lichte davon genommen wird, dass hier von *Gesellschaft* die Rede ist, wie sie *anfänglich* dem Bedenken und Hinterfragen entgegentritt. Somit ist der Satz in Hinsicht auf die anfänglich vergegenwärtigte Gleichwertigkeit der Menschen zu nehmen, was so viel bedeutet wie: Allen Marktteilnehmern kommt gleiche Marktmacht zu (was freilich in letzter Konsequenz den Begriff *Macht* erübrigt).

2. KONKRETISIERUNG: Was sich *anfänglich* als Beachtung der Gleichwertigkeit der Marktteilnehmer in Rücksicht auf den Markt (Konkurrenz) zeigt, das präsentiert sich immer schon im Vollzug des Umgangs mit der fundamentalen Aufgabe (Herausforderung):[41] Erlangt ein Mensch Einsicht in die Bedeutung des Übersteigens, so wird er darum bemüht sein, den auf die Beachtung der Gleichwertigkeit der weltlichen Ichs abzielenden Satz von der Konkurrenz im Lichte des thematisierten Satzes von der *Gleichwürdigkeit* der personalen Ichs auszugestalten. Ist besagte Einsicht aber nicht gegeben (ununtersucht warum), so wird die Beachtung der Gleichheit, wie sie in dem Begriff *freie Marktwirtschaft* ausgedrückt ist, *unterwandert*.

3. KONKRETISIERUNG: Die Aussage, wonach die Zukunft nicht in die Gegenwart eingefaltet ist, führt also zu jener von dem auf

---

[41] Es tritt also niemals rein an und für sich auf. = Im Umgang mit der Herausforderung, wie sie an das personale Ich gestellt ist, muss es erst thematisch gemacht werden, so wie die personale Herausforderung insgesamt.

Konkurrenz basierenden Markt, also zu *Marktwirtschaft*. Diese ist als *freie* Marktwirtschaft zu begreifen, eben da die Zukunft nicht in die Gegenwart eingefaltet ist.

Frei bedeutet aber keinesfalls *omnipotent*: Würde *frei* gleich *omnipotent* sein, so wäre gegeben: Jegliche Regulation des *freien* Spiels der Marktkräfte ist abzulehnen. Das ergibt sich aber nicht nur nicht aus den bisherigen Ausführungen, worauf die Gleichsetzung von *frei* und *omnipotent* offensichtlich beruht, das ist die Ausklammerung der Beachtung des personalen Ichs, also eine reduktionistische Betrachtungsweise.[42] Dieses Ich wird nicht beachtet bzw. alleine das *weltliche* Ich, demgegenüber die Regeln des Marktes tatsächlich als *vorgefunden* zu verstehen sind, als etwas also, dessen es als Orientierungsgrundlage (z. B. für die Suchaktionen) bedarf, und von solchem wird wohl niemand aussagen, dass sie der „Zurechtregulierung" bedürfen können (aufgrund welcher Basis auch?). = Das Ich sucht nicht nach *noch nicht gegebenen Regeln* (Gesetzen), sondern im Sinne der gegebenen (wiewohl in der Forschung *aufzusuchenden*) Regeln nach Lösungen. Alleine auf das weltliche Ich bezogen muss die Vorstellung vom omnipotenten Markt *nicht notwendig falsch* sein; notwendig falsch ist aber die *alleinige* Ausrichtung auf das weltliche Ich bzw. die weltliche Gesellschaft!

Frei kann somit nur verstanden sein, wenn die Bedeutung des Marktes explizit auf die weltliche Ebene beschränkt wird, im Sinne der Vergegenwärtigung der Ebene des personalen Ichs! Ist das nicht gegeben, so werden Konkurrenz und freier Markt zur Falle: Aufgrund der nun gegeben sein müssenden Missachtung der Gleichwürdigkeit der Menschen (des personalen Ichs) wird die anfänglich vergegenwärtigte Gleichwertigkeit der Menschen durch Konkurrenz

---

[42] In Senz, W. 2012a (vgl. Fußnote 15) wird diese Aussage umfangreich begründet und entfaltet.

unterlaufen, werden also *unterschiedlich* s t a r k e Machtpositionen auftreten, wobei jene, die über eine bereits dominante Machtposition verfügen, um einen w e i t e r e n Ausbau ihrer Position bemüht sein können (vgl. unten bezüglich Ziel/Hybris!). D e r A u f b a u v o n E l i t e n i s t d i e s e m D e n k e n s o m i t i n h ä r e n t und bedeutet eine Unterwanderung der (zugleich „gepredigten") f r e i e n Marktwirtschaft: E s k o m m t z u e i n e r R e g u l a t i o n d e r a n d e r e n A r t . = Regulation gemäß der Marktgesellschaft.

In anderen Worten: D a s M o d e l l *f r e i e M a r k t w i r t s c h a f t* trägt *potenziell* seine eigene Auflösung i n s i c h , muss aber nicht zwingend auftreten.

4. Konkretisierung: Dem reduktionistisch verzerrenden Denken ist somit die Ausbildung von E l i t e n (der Begriff in seinem negativen Sinn genommen!) inhärent. Diesen muss daran gelegen sein, jenes Denken, dem sie ihre Existenz verdanken, gesellschaftstragend bleiben zu lassen. Sie müssen also *fortgesetzt dagegen* angehen, die Alternative zu ihrem Denken, also die Ausrichtung auf das *personale* Ich und die *Gleichwürdigkeit* der Menschen, an gesellschaftlichem Einfluss gewinnen zu lassen. Besagte Elite darf es daher – aus ihrer Sicht! – nicht an der entsprechenden Propaganda mangeln lassen. Ein wesentliches Element hiervon muss die Diskreditierung der Aussage von der *Gleichwürdigkeit der Menschen* sein, aber auch schon der *Gleichwertigkeit der Menschen*.

G l e i c h w ü r d i g k e i t d e r M e n s c h e n muss das reduktionistische Denken schon deshalb ablehnen, da es *bereits* das Übersteigen der weltlichen Ebene ablehnt! An der Beachtung der Gleichwertigkeit kann diesem Denken im Sinne der in der dritten Konkretisierung gebrachten Inhalte auch nichts liegen. Zugleich bietet sich im Zusammenhang mit *Gleichwürdigkeit der Menschen* für das elitäre Denken aber an, d i e s e A u s s a g e m i t d e r B e a c h t u n g d e r G l e i c h w e r t i g k e i t zu *identifizier e n* , jene als metaphysischen Humbug abtuend.

Hierin wurzelt auch das Argument von der g e s e l l s c h a f t s f e i n d l i c h e n s o z i a l i s t i s c h e n N i v e l l i e r u n g s f a n -

t a s i e [43]: Anstatt die Menschen auf Leistung einzustimmen, wird auf Fürsorge abgestellt. Hierbei wird von den Protagonisten dieses Denkens „übersehen", dass die *eigene* Machtposition n i c h t Ergebnis einer Leistung im Sinne von Bemüht-Sein-um-Wir ist, sondern davon, dass aus der *Missachtung der Gleichwertigkeit der Menschen* wirtschaftliche Machtpositionen etabliert worden sind, die – anstatt Leistung – zur Quelle weiterer Macht (bzw. zumindest Aufrechterhaltung der bisherigen Macht) werden. – Das gilt es zu *maskieren*!

4. Satz: Wie dargelegt, gehört zu der dem Ich fundamental gestellten Aufgabe (Herausforderung), zur Einsicht in die *Gleichwürdigkeit* aller personalen Ichs vorzudringen (und diese sodann im Agieren auf weltlicher Ebene zu beachten!). Gemäß der ebenfalls bereits angeführten anfänglichen Fokussierung auf das eigene Ich („Ich bin") besagt dies, dass das Ich aus dem *Bemüht-Sein um sich* h e r a u s t r e t e n muss zu einem *Bemüht-Sein um die Gesellschaft* (ohne hierüber das Bemüht-Sein *um sich* unterwandern zu dürfen!). H i e r i n   f i n d e t   d a s   p e r s o n a l e I c h   a l s o   s e i n e   B e f r i e d i g u n g   b z w .   h a t   e s   h i e r i n   d a s   *Z i e l*   s e i n e s   B e m ü h t - S e i n s . Wie sieht es diesbezüglich in Hinsicht auf das weltliche Ich aus? Wie also ist es um das Ziel des Bemühens des weltlichen Ichs bestellt, dessen Erreichung ihm Bedürfnisbefriedigung ist?

Insofern das personale Ich (= Ich gemäß „Ich bin") ein bedürfendes Ich ist, muss ihm Bedürfnisbefriedigung Ziel sein. Etwas kann aber nur Ziel sein, wenn es grundsätzlich erreichbar ist. Im Falle des personalen Ichs muss diese Erreichbarkeit aber damit verflochten sein, dass auch mit dem Erreichen das Hinterfragendersein bzw. das Um-sich-bemüht-Sein-Müssen p e r e n n i e r t . Es ist ja festzuhalten gewesen, dass das personale Ich Vollzug des

---

43 Der Witz hieran liegt darin, dass implizit dem sozialistischen Denken ein metaphysisches Denken unterstellt wird, das diesem aber gar nicht zukommt; auch von Platon und Hegel versteht sich das sozialistische Denken fernzuhalten.

Hinterfragens ist. Das ist hervorzuheben: In der Anerkennung von Übersteigen-Sollen fällt die Erreichbarkeit von Ziel und das Perennieren des Hinterfragensvollzugs in eins zusammen (konkret in Rücksicht auf die fundamental dem Ich gestellte Aufgabe/Herausforderung). Das ergibt sich also zwingend aus der konsequenten Beachtung des logischen Induktionsproblems, auch wenn (einmal mehr) im Rahmen des vorliegenden Buches eine umfangreiche positive Darstellung nicht geboten werden kann.

Was folgt aus dem soeben gebrachten Argument für das weltliche Ich?

Rücksichtlich seiner Bedürftigkeit und Erreichbarkeit der Bedürfnisbefriedigung (Ziel) muss gelten, was soeben für das personale Ich festgehalten worden ist: Die Erreichbarkeit darf nicht Illusion sein. Was dieserart aber im Sinne von Nicht-Anderes-Sein von weltlichem und personalem Ich festzuhalten ist, das muss zugleich auch im Lichte der Nicht-Identität beider Ichs verstanden werden, das Übersteigen-Sollen der weltlichen Ebene tatsächlich als Herausforderung und Aufgabe begreifen lassend.

Das bedeutet: Um tatsächlich von zwei Alternativen sprechen zu können, zwischen denen das Ich gemäß der ihm fundamental gestellten Aufgabe wählen soll, muss bereits innerhalb der weltlichen Ebene etwas gegeben sein[44], das *nicht unmittelbar* mit dem logischen Induktionsproblem verknüpft ist und aus dessen Beachtung heraus das Ich vor der Frage steht, ob es im Zugriff hierauf das Übersteigen-Sollen unterlassen kann oder, worauf es hiermit zugreift, erst im Vollzug des Übersteigens – als Element der weltlichen Ebene! – richtig verstehen kann. Nur aufgrund dieses Umstands kann das Ich, entscheidet es sich gegen das Übersteigen-Sollen mit den Mitteln der Betrachtung der weltlichen Ebene, eine zwar reduktionistisch verzerrende, aber in sich stimmige Lösung anbieten; nur so kann also tatsächlich von (zwei) Alternativen gesprochen werden.

---

44 Vgl. oben die Unterscheidung von Waren und Gütern.

Wovon hiermit die Rede ist, das muss an der hier gegebenen Stelle der Ableitung in Rücksicht auf den perennierenden Charakter von Hinterfragendersein bei zugleich gegeben sein müssender Erreichbarkeit des Ziels des Hinterfragens interessieren. Zunächst ist hierzu festzuhalten, dass sich das Ziel des Hinterfragens konkret thematisch angeben lässt: *das Vordringen zur Thematisierung des eigenen So-Seins* (Personalität). Was hiermit ausgesagt ist, das muss im Sinne von In-eins-Sein von *Nicht-Anderes-Sein* und *Nicht-Identität* von personalem und weltlichem Ich in diesem repräsentiert sein, als ebenjenes, das es auch zu übersteigen gilt. Beachtet man, dass im Übersteigen tatsächlich das So-Sein von Ich thematisch gemacht wird, so muss in besagter Repräsentation die Thematisierung von Ziel jenes sein, das nicht an und für sich gegeben sein kann, wiewohl grundsätzlich von Ziel die Rede sein muss, da sich dies bereits aus Bedürfendersein herleitet. Was sich also in Rücksicht auf das weltliche Ich als Ziel angeben lässt, das lässt sich somit nur insofern positiv thematisch machen, als diese Ebene im dargelegten Sinn eine in sich stimmige Alternative zum Übersteigen anbieten muss. In anderen Worten: In der weltlichen Ebene, wie sie sich dem *anfänglichen* Blick in die Welt zeigt, muss etwas sein, das das An-und-für-Sich hierzu in der personalen Ebene repräsentiert, zugleich aber in der Abkehr von dem Übersteigen-Sollen zu einer reduktionistisch verzerrten Vorstellung von eben dem hiermit bezeichneten Inhalt ausgebaut werden kann.

Angesichts der zuvor gebrachten Ausführung zur expliziten Thematisierbarkeit von Ziel, die auch als Unverrückbarkeit des Zieles zu verstehen ist, ist nun festzustellen: Was sich dem anfänglichen Blick in die Welt in Rücksicht auf Ziel zeigt, das ist nur dann unverrückbar, wenn es im Übersteigen an die Thematisierung von Person gebunden wird. Unterbleibt das Übersteigen, unterbleibt also diese Bindung, so wird nicht die Vorstellung von Ziel aufgehoben (käme es zu dieser Aufhebung, die zweite Alternative könnte nicht mehr in sich stimmig sein), **sondern diese Vorstellung verliert ihren Gehalt an Unverrückbarkeit!**

Das bedeutet, dass das, was dem Ziel näher bringen soll, keine Sättigung erfahren kann! Besagte Bindung, die an sich in der weltlichen Ebene repräsentiert ist, legt sich nicht an die Formulierung von Ziel an, sondern an das *Immer-mehr*, das mit der fehlenden Sättigung gegeben ist.

Angesichts hiervon ist endlich zu beachten: Im Rahmen des das Übersteigen ausblendenden Denkens muss das Ziel der zentralen Bedürfnisbefriedigung im Umgang mit weltlichen Bedürfnissen definiert sein; es muss, so ergibt sich aus den vorangegangenen Ausführungen, mit den Waren als Element der wirtschaftlichen Dynamik zu schaffen haben, konkret was diese in Hinsicht auf den Aufbau von Marktmacht zu schaffen haben. Die Begründung hiervon lautet: Da das Ziel, wie es in der weltlichen Ebene gegeben ist, ein *scheinbares* Ziel ist, also – was nichts anderes besagt – Maßlosigkeit auftritt, ist in deren Gestalt etwas gegeben, was, da zugleich die Ansicht von der Gesellschaft als gleichwerten Menschen *ebenfalls reduktionistisch verzerrt* ist, die Begierde nach „immer mehr" zu einem „mehr als andere Menschen" werden lässt. Es geht also um den Aufbau von Marktmacht im Namen der *Hybris*; primär geht es also nicht um die Anhäufung von Reichtum um seiner selbst willen!

KONKRETISIERUNG: Beachtet man, dass ein Ich einerseits gemäß seiner Fokussierung auf sich („Ich bin") *um sich* und *um die Gesellschaft* bemüht sein soll, und andererseits Regeln in der Wirtschaft vorliegen müssen, die das Ich nicht geschaffen haben kann, so lässt sich hieraus für den anfänglichen Blick in die Welt (Gesellschaft) eine Vorstellung im Sinne der *invisible hand* ableiten: Das Ich, gemäß seiner Fokussierung auf sich in der Wirtschaft vorgehend, trägt aufgrund der herrschenden Gesetze und Regeln des Marktes insgesamt zum Gleichgewicht in der Gesellschaft bei. Wovon hier die Rede ist, das soll das Ich also im Umgang mit der fundamentalen Herausforderung im Sinne der im Übersteigen vergegenwärtigten Gleichwürdigkeit der personalen Ichs ausgestalten.

In diesem Sinne muss es *innerweltlich* auf etwas zugreifen können, das es davon enthebt, die Bedingung der Möglichkeit für die Beachtung der Gleichwertigkeit der weltlichen Ichs zu beachten: *invisible hand* (dargelegt in den Regelhaftigkeiten der Wirtschaft). Somit muss es aber, wie sich aus der Logik der bisherigen Argumentation ergibt, gerade diese Vorstellung von der *invisible hand* sein, die in Rücksicht auf die fundamentale Herausforderung offeriert, das Übersteigen unterlassen zu können. = Was sich dem *anfänglichen* Blick in die Welt zeigt, das offeriert eben *zwei* Alternativen.

Greift ein Denken ungeachtet der Beachtung von Person-Sein und Gleichwürdigkeit auf die reduktionistische Alternative zu, so führt das Reden von *invisible hand* zu Konstruktionen im Sinne der Missachtung der Gleichwertigkeit und Gleichwürdigkeit der Menschen; zu Konstruktionen im Namen der Idolisierung der Hybris. = D a s R e d e n v o n d e r B e a c h t u n g d e r G l e i c h h e i t w i r d z u r *M a s k e* f ü r d i e e i g e n t l i c h b e t r i e b e n e P r o t e g i e r u n g d e r U n g l e i c h h e i t.[45]

7.2 Ausprägungen der Gesellschaft abseits der Anerkennung von Übersteigen-Sollen

In dem anstehenden Abschnitt soll jenes Denken näher betrachtet werden, das von dem Übersteigen der weltlichen Ebene nichts wissen will. Konkret sollen die Ausprägungen dargelegt werden, in denen dieses Denken auftritt und wie sie sich aus dem ausbleibenden Übersteigen ergeben.

Sofort leuchtet ein, bedenkt man die Komplexität von *Übersteigen-Sollen*, besagte Ausprägungen als Abstraktionen begreifen zu müssen, die bestimmte Regionen innerhalb eines Kontinuums benennen.

---

45 Gerade das tritt aber in den Positionen von Ricardo und Gossen auf (vgl. oben).

Hierin liegt, wie sogleich hervorzuheben ist, die Basis für ein mögliches Missverständnis, was vorweg aufzulösen ist. Dieses mögliche Missverständnis gründet darin, *kontinuierliches Übergehen der Ausprägungen* unkritisch damit gleichzusetzen, dass die geschichtliche Dynamik auf Regelhaftigkeiten basiert, von denen auch das Übergehen von einer zu einer anderen Ausprägung betroffen ist. Hierauf scheint bereits die im vorigen Abschnitt getroffene Feststellung hinzuweisen, dass die Welt und somit auch die Gesellschaft von Regelhaftigkeiten geprägt sind. Zumindest zunächst kann nicht einsichtig sein, wieso hiervon ausgerechnet die geschichtliche Dynamik ausgenommen sein sollte.

Worauf aber die Aussage von der Regelhaftigkeit abzielt, das ist konkret auf die weltliche Ebene zu beziehen und daher explizit im Lichte von *Übersteigen-Sollen* zu begreifen, *die weltliche Ebene gerade nicht zum Maßstab werden lassend*. Was tatsächlich Maßstab sein soll, das ist bereits in Rücksicht auf das Ich dargelegt worden: An und für sich Seiendes ist das personale Ich, wie es Vollzug des Um-sich-bemüht-Seins i s t ; das weltliche Ich ist nicht an und für sich Seiendes (ohne deswegen Nicht-Seiendes zu sein; vgl. oben). Überträgt man diesen Satz auf das nun interessierende Thema, so erhält man: Sein an und für sich kommt dem Wir zu (Position des personalen Ich), nicht aber Gesellschaft (nimmt die Position des weltlichen Ichs ein)!

Das besagt: Zwar ist von einer regelgeprägten Verflechtung der einzelnen Ausprägungen der Gesellschaft zu sprechen, aber der „Motor" an und für sich für die dynamischen Beziehungen zwischen diesen Ausprägungen kann nicht ebenfalls in der gesellschaftlichen Ebene – also letztlich der weltlichen Ebene – liegen.

In anderen Worten: Natürlich darf die aktuelle Ausgestaltung einer Gesellschaft nicht bagatellisiert werden; der Umgang mit ihr ist integraler Teil von Um-sich/Wir-bemüht-Sein. = Der fundamentalen Aufgabe, die Gleichwürdigkeit der personalen Ichs zu thematisieren und zu beachten, kann nur im Ausgriff auf die Beachtung der Gleichwertigkeit der weltlichen Ichs entsprochen werden. = Die Ausgerichtetheit auf die weltliche Ebene perenniert aufgrund des perennierenden Charakters von Um-sich-bemüht-Sein.

Gemäß der Logik des gegebenen Fundaments folgt hieraus: Im Sinne der Regelhaftigkeiten in der Gesellschaft kanalisiert eine aktuelle Konkretisierung selbiger mehr oder weniger deren weitere Entwicklung, wenn auch nicht in trivial mechanistischem Sinne (vgl. oben). **Was hiermit bezeichnet ist, dem kommt an und für sich kein Sein zu**, bezeichnet also nicht den Motor der gesellschaftlichen Dynamik. Sein an und für sich kommt *nur* dem personalen Ich und in Folge dem Wir zu, sodass gilt: In letzter Konsequenz ergibt sich, was als geschichtliche Dynamik im Vergegenwärtigen entgegentritt, aus den personalen Entscheidungen der Ichs im Umgang mit der fundamentalen Aufgabe.[46]

Das gilt es also zu beachten, wenn in den folgenden Ausführungen die einzelnen Ausprägungen dargelegt und zueinander in Beziehung gesetzt werden.

Folgende *Ausprägungen* des vom Übersteigen-Sollen absehenden Denkens sind zu unterscheiden:

1. AUSPRÄGUNG: Diese Ausprägung zeichnet sich vor allem durch die Ausrichtung auf *rationales Kalkulieren* aus, wie auch auf die Anerkennung der *invisible hand*. Beides ist nicht an und für sich zurückzuweisen, da hierauf auch die Betrachtung der weltlichen Ichs (Gesellschaft) im Falle von Übersteigen zugreifen muss. Im vorliegenden Fall ist der Zugriff aber Ausdruck der *alleinigen* Anerkennung der *weltlichen* Ebene – und somit *Ausblendung* von Person (personales Ich). *Hieraus ergibt sich folgende Ambivalenz:* Es wird nicht explizit gegen die Anerkennung der Gleichwertigkeit

---

46 Dass der Sachverhalt komplexer sein muss, ergibt sich schon daraus, dass die aktuelle Ausbildung einer Gesellschaft bedeutungsvoll sein muss für die Bedingtheit der weltlichen Ichs; diese sind nicht rein eigenständig. Diese reine Eigenständigkeit gilt zwar für die personalen Ichs, doch muss dies dahingehend verstanden werden, dass die weltliche Bedingtheit als Repräsentation des So-Seins der personalen Ichs begriffen werden kann.

der weltlichen Ichs argumentiert. Zugleich arrangiert sich dieses Denken aber mit einem Zugang, der *zumindest keimhaft* die Idolisierung der Hybris in sich trägt, und somit die Anerkennung der *Klassengesellschaft* in Verflechtung mit Opferbereitschaft im dargelegten Sinn.

Trotzdem wird die Anerkennung der *Homo oeconomicus*-Konstruktion in dieser Ausprägung keine substanziellen Probleme bereiten, da man sich anscheinend lediglich auf etwas bezieht, das notwendig auszusagen ist. Die Ausblendung von Person-Sein tritt primär als der Verzicht auf eine Fiktion auf. = Die Ausblendung von Person-Sein hinterlässt somit anscheinend kein unbefriedigt bleibendes Bedürfnis zurück, sondern stellt diesem Bedürfnis auf rationale (aufgeklärte usw.) Weise jenes vor, das sich tatsächlich befriedigen lässt. Dieses „anscheinend" ist wie folgt genauer zu betrachten: Grundsätzlich bleibt das personale Bedürfnis, zur Thematisierung das eigenen Person-Seins vorzudringen bzw. selbiges zu thematisieren, unbefriedigt. Die Entscheidung für diese Ausprägung (Wahl zwischen den zwei Alternativen!) bedeutet aber die Entscheidung für etwas, in dem alles, was auch in der Entscheidung für Übersteigen-Sollen thematisiert werden kann[47], auftritt. = Alleine die Vorstellung von Rationalität (dialektische Entfaltung vs. weltliche Rationalität) ergibt die Unterschiede!

Nicht unerwähnt soll bleiben, dass dieses Denken mehr oder weniger *ideologiefeindlich* ist: Der rational aufgeklärte Mensch, die

---

47 Gemäß der Logik der bisherigen Ausführungen kann hiervon alleine *Person-Sein* an sich ausgenommen sein!

rational aufgeklärte Gesellschaft bedarf keiner ideologisch ausgerichteten Politiker, sondern der Experten.[48]

2. AUSPRÄGUNG: Wie dargelegt, bedeutet die erste Ausprägung zwar eine reduktionistische Verzerrung dessen, was im Übersteigen-Sollen thematisch wird, aber derart, dass all dies auf reduktionistische Weise Thematisierung erfährt. Damit ist grundsätzlich – wenn auch noch „keimhaft" – die Anerkennung der Hybris gegeben. Die zweite Ausprägung bedeutet die Entfaltung dessen, das zunächst also „keimhaft" gegeben ist. Was dieserart zur Entfaltung kommt, d a s i s t s o m i t i n d e r e r s t e n E n t f a l t u n g d e r P o t e n z i a l i t ä t n a c h a n g e l e g t !

D i e I d o l i s i e r u n g d e r H y b r i s t r i t t i n d e n V o r d e r g r u n d . Die Basis hierfür ist, dass – wie dargelegt – *Ziel* in der weltlichen Ebene als *nicht erreichbares Ziel* auftritt, womit der Maßlosigkeit keine Schranken gesetzt sind. Der Umstand, in der weltlichen Ebene das Ziel nicht erreichen zu können, wird nicht im Sinne des Übersteigen-Sollens dieser Ebene aufgegriffen, sondern zur Legitimierung von „immer mehr" (Hybris) herangezogen. G e r a d e i n d e r A n e r k e n n u n g h i e r v o n s o l l s i c h z e i g e n , d a s s d e r i n v i s i b l e h a n d e n t s p r o c h e n w i r d .

Hierin liegt aber eine *Uminterpretation* von invisible hand: In der ersten Ausprägung wird das auf sich bezogene (egoistische) Verhalten eines Marktteilnehmers – weltliches Ich – mittels invisible hand auf die Beachtung der Gleichheit der Marktteilnehmer bezogen, wiewohl ohne auf *Gleichheit in Rücksicht auf Markt-*

---

[48] Die Ausblendung von Ideologie ist im Zusammenhang mit jener des personalen Ichs und seiner Wahl zwischen den fundamentalen Alternativen zu verstehen. = Die Ausrichtung auf den „Experten" (der lediglich *Experte* im Namen eines reduktionistisch verzerrenden Denkens sein kann!) enthält nicht zuletzt das Bemühen, sich gegen den Vorwurf zu immunisieren, die Wahl der reduktionistischen Alternative nicht begründen zu können: „Es kann gar keine Wahl stattgefunden haben" *legen die Experten dar!*

macht abzuzielen.[49] Im Unterschied hierzu wird in der zweiten Ausprägung *invisible hand* dahingehend von der Beachtung der Gesellschaft abgezogen, dass (mehr oder weniger) alleine auf die Egozentrik des eigenen Ichs – seine Hybris – abgezielt wird.

Was dieserart vorliegt, das erwächst aus der Rationalität der ersten Ausprägung, legt diese also nicht ab und muss daher fortgesetzt der – scheinbaren! – Befriedigung des fundamentalen Bedürfnisses entsprechen, sich nicht alleine als weltliches Ich begreifen zu sollen (= personales Bedürfnis). Das beinhaltet: Fortgesetzt wird die eigene Position r a t i o n a l gegenüber der Feststellung immunisiert, das Übersteigen-Sollen anzuerkennen.

Was hiermit thematisiert ist, das ist zugleich im Lichte der *Uminterpretation* von invisible hand zu begreifen: Der rationale Zugang zum Problem, wie er sich in der grundsätzlichen Ausrichtung auf invisible hand fortgesetzt zeigt, ist derart auf das eigene Ich und seine Hybris ausgerichtet, dass er für die Beachtung von Gesellschaft (Wir) kaum noch bedeutungsvoll sein kann. Somit tritt auf, dass in Rücksicht auf Gesellschaft ein Raum auftritt, der sich rationaler Zugänglichkeit entzieht (deren Potenzial muss erschöpft sein). Dieser Raum wird daher durch nicht-rationale bzw. mystische Konstruktionen auszufüllen versucht. Diesem Vorgang kommt zugleich die Aufgabe zu, das Heraustreten aus der ersten Ausprägung, was aufgrund der weltlichen Regelhaftigkeit zunächst lediglich als Möglichkeit gegeben ist, dies gegenüber Vertretern des dieser Ausprä-

---

49 Diese Gleichheit wird auch nicht im Rahmen der Anerkennung Übersteigen der weltlichen Ebene gefordert. Tatsächlich gefordert wird, aus der Beachtung der personalen Ebene heraus jene der *Gleichwürdigkeit* zum Maßstab für die Konstruktion der Gesellschaft (weltliche Ebene) werden zu lassen, derart, dass Unterschiede zwischen den weltlichen Ichs (= keine Uniformität) den fehlenden Selbststand in der weltlichen Ebene ausdrücken, nicht aber die Missachtung der Gleichheit (als Repräsentation von Gleichwürdigkeit). In Senz, W. 2012a (vgl. Fußnote 15) wird gezeigt, dass hiervon im Sinne der *differenziellen Eigenständigkeit* der weltlichen Ebene (Gesellschaft) die Rede sein können muss.

gung verpflichteten Denkens zu „rechtfertigen". Genauer: Nicht nur diesen gegenüber, sondern auch gegenüber den „Verlierern" der zweiten Ausprägung, die es aus den genannten Gründen geben muss.

Im Rahmen hiervon kommt es also zur Ausbildung einer irrational/mystischen Symbolik, um willen davon, die „Abgehobenheit" bzw. Abgeschiedenheit der „Sieger" dieser Ausprägung von der Allgemeinheit zum Ausdruck zu bringen. = Es kommt zur Ausbildung einer pseudoreligiöse Formen annehmenden Symbolik: Gerade da die Hybris zugleich das personale Bedürfnis befriedigen soll, werden sich die „Sieger" in einer Art Pseudotranszendenz zur Allgemeinheit verstehen, freilich in einem innerweltlichen Sinn. Sie werden daher z. B. darauf verzichten, als Bekleidung etwas zu verwenden, das nicht grundsätzlich auch jeder andere Gesellschaftsteilnehmer verwenden könnte – im Unterschied zu kirchlichen Würdenträgern. Zugleich werden sie darauf achten, ihr Erscheinen in der Öffentlichkeit als ein Heraustreten aus einer Welt zu gestalten, zu der die Allgemeinheit keinen Zugang hat.

Grundsätzlich ist zu beachten, dass die erste und die zweite Ausprägung tatsächlich kontinuierlich ineinander übergehen; sosehr sich die zweite Ausprägung letztlich auch von der ersten Ausprägung unterscheidet: Diese ist in jener der Potenz nach angelegt.[50]

---

50 Die Grenze zwischen beiden Ausprägungen ist also fließend! Anhand einiger Aussagen v. Mises' sei dies verdeutlicht; sie sind seiner Schrift *Die Wurzeln des Antikapitalismus* (zit. Nach: ECAEF Studien zur Wirtschafts- und Gesellschaftsordnung Bd. II) entnommen:
„Dank dem Kapitalismus stehen dem gewöhnlichen Menschen Annehmlichkeiten zur Verfügung, die in früheren Zeiten unbekannt und deshalb sogar den reichsten Leuten nicht zugänglich waren. Aber natürlich machen diese Autos, Fernsehapparate und Kühlschränke den Menschen nicht glücklich. In dem Augenblick, in dem er sie erwirbt, mag er glücklicher sein als zuvor. Sobald aber einige seiner Wünsche erfüllt sind, hat er plötzlich neue Wünsche. *So ist die menschliche Natur.* [...] |
Es wäre nutzlos, diesen unersättlichen Appetit nach mehr und immer mehr Gütern zu bedauern. *Diese Gier ist genau der Impuls, der den Menschen auf den Weg der wirtschaftlichen Verbesserung führt.*" (S. 11; Hervorhebungen hinzugefügt)

„Niemand hat jedoch behauptet, dass uneingeschränkter Kapitalismus diejenigen begünstigt, die es vom Standpunkt absoluter Wertmaßstäbe verdient hätten. Die demokratische Marktwirtschaft belohnt nicht die Menschen nach ihren ‚wirklichen' Verdiensten, ihrem angeborenen Wert und ihrer sittlichen Auszeichnung." (S. 15)

„Millionen [Menschen] lieben Detektivromane, mysteriöse Filme, illustrierte Zeitungen, Stierkämpfe, Boxen, Whisky, Zigaretten, Kaugummi usw. Millionen wählen Regierungen, *die danach streben, aufzurüsten und Krieg zu führen*. Und es sind diejenigen Unternehmer, die die für die Befriedigung dieser Bedürfnisse benötigten Güter auf die beste und billigste Art herstellen, denen es gelingt, reich zu werden. Entscheidend in der Marktwirtschaft sind nicht die akademischen Werturteile, sondern die Bewertungen der Bevölkerung, die sich darin ausdrücken, ob sie kauft oder nicht kauft." (S. 15f.; Hervorhebung hinzugefügt)

„*Gleichheit vor dem Recht gibt dir die Macht, jeden Millionär zum Kampf aufzufordern*. In einer Marktwirtschaft, die nicht von durch die Regierung auferlegten eingriffen sabotiert wird, ist es die ausschließliche Schuld jedes einzelnen, wenn er nicht den Schokoladenkönig, den Filmstar oder den Boxmeister überholt. | Falls dir aber das Schreiben von Gedichten oder philosophischen Werken wichtiger ist als die Reichtümer, die du vielleicht in der Bekleidungsindustrie oder [...] erwerben könntest, so bist du frei dies zu tun. Nur wirst du dann natürlich nicht so viel Geld verdienen *wie diejenigen, die der Majorität dienen*." (S. 16; Hervorhebungen hinzugefügt)

Einerseits könnte man Mises' Position einfach beiseitelegen, da er offensichtlich von einer M ä r c h e n w e l t berichtet („jeder kann den Millionär zum Kampf herausfordern"); es ist dies aber eine *gefährliche* – viel beachtete – Märchenwelt, wie sich aus der Idolisierung der Gier ergibt. Sie reduziert den Menschen auf einen reinen Egoisten, dessen Rationalität sich darauf beschränkt, im Produktionsprozess effektiver (billiger usw.) als die Konkurrenten zu sein. Ob die Produktion der Herstellung von Kaugummi, Schokolade usw. oder jener von Kriegswerkzeug, wird überhaupt nicht differenziert betrachtet. Es geht einzig und alleine um die Befriedigung von Nachfrage, mag diese noch so m e n s c h e n f e i n d l i c h sein. Wer *dieserart* erfolgreich ist, der „dient der Majorität". Philosophie – und die Dichtkunst – soll dergleichen nicht für sich in Anspruch nehmen können. Es versteht sich von selbst, dass Mises um eine Bagatellisierung, Marginalisierung usw. all jener Beschäftigungen bemüht sein muss, die sein hoffnungslos reduktionistisches und menschenfeindliches Menschenbild im Namen der Marktgesellschaft (denn von dieser, und nicht von Marktwirtschaft, spricht er) aufzuzeigen in der Lage sind.

Zunächst wird man ein Denken wie das soeben skizzierte der 2. Ausprägung zuordnen, doch hindert nichts, es in einer abgeschwächten Form vertreten zu können, sodass es zumindest teilweise in den Bereich der 1. Ausprägung wandert.

3. Ausprägung: In Übereinstimmung mit der zweiten Ausprägung tritt eine Ausrichtung auf Hybris auf. Im Unterschied zur zweiten Ausprägung ist das rationale Element beinahe bis zur Bedeutungslosigkeit weiter zurückgedrängt. Die Möglichkeit hierfür (gemäß: Regelhaftigkeit) erwächst daraus, dass sich die Befriedigung des personalen Bedürfnisses völlig von der Ausrichtung auf die Wirtschaft löst, nicht also lediglich die marktwirtschaftliche in eine monopolkapitalistische Rationalität aufgelöst wird, die sich den Regeln des Marktes überhoben begreift. Somit aber muss, wovon man sich „emanzipiert" hat, substituiert werden.

Hieran ist zu beachten: Was im Schritt von der zweiten zur dritten Ausprägung zurückgenommen wird, die Ausrichtung auf rationales Denken, das muss zugleich eine Entfaltung dessen bedeuten, das bereits in der zweiten Ausprägung aufgrund der in dieser auftretenden Zurücknahme der Rationalität kompensatorisch an dessen Seite gestellt worden ist: das pseudoreligiöse Denken. Eben diese Entfaltung bedeutet die Löslösung von der Ausrichtung auf die Wirtschaft. Das beinhaltet aber (Regelhaftigkeit!), dass das Mehr-sein-als-Andere, wie es bereits in der zweiten Ausprägung mit diesem Komplex verknüpft ist, sich in dem das Substitut enthaltenden Komplex durchhalten muss. Zudem muss das mögliche Substitut erfüllen –, wie die Wirtschaft – der weltlichen Ebene anzugehören und dem personalen Bedürfnis, sich nicht auf den *Homo oeconomicus* zurückziehen zu dürfen (wie inhaltsleer auch immer), scheinbar gerecht werden zu lassen. Es ist unmittelbar einsichtig, dass sich die Idolisierung von Heimat, ethnischer Zugehörigkeit usw. gleichsam von selbst als Substitute anbieten; auch deshalb, da sie keine wirtschaftlichen Kategorien bezeichnen.

Hieran zeigt sich, dass die dritte Ausprägung nicht einfach als Steigerung der zweiten Ausprägung verstanden werden kann. Der Grund hierfür liegt darin, dass mit der Idolisierung von Heimat usw. die Ausrichtung auf das Ich aufgelöst wird, wie sie für die zweite Ausprägung in Verflechtung mit Hybris entscheidend ist. Mehr noch: Es scheint sich sogar der atomistische Blick auf die weltlichen Ichs, wie er insgesamt dem bisher betrachten marktgesellschaftlichen Denken zukommt, aufzulösen.

Die Bedeutung von Ich scheint nur auf folgende, spezielle Weise gewahrt zu bleiben: Gerade aufgrund des pseudoreligiösen Charakters der mittels Heimat, ethnische Zugehörigkeit usw. vermittelten Identität einer als den Anderen überlegenen (Hybris) Einheit, bedarf es zur (nicht rational argumentierbaren) Darstellung dieser Einheit eines Ichs, in dem sich die Pseudotranszendenz, die bereits für die zweite Ausprägung festzuhalten gewesen ist, manifestiert: bedarf es einer F ü h r e r - F i g u r. Hierin spiegelt sich also der Rest an Ich-Betrachtung wider bzw. ist es dieses Über-Ich (Übermensch), in dem das Mehr-sein-als-Andere sich rein ausdrückt.

Zunächst ist hervorzuheben, dass das hiermit bezeichnete Denken eindeutig in Getrenntheit zu den positiven Religionen steht, wie auch zu philosophischen Positionen, die sich dem Übersteigen-Sollen gegenüber öffnen, die es also nicht – im Namen der Aufklärung usw. – bei der Betrachtung der weltlichen Ebene belassen. Der kardinale Unterschied zu allen diesen Positionen liegt darin, dass das Denken gemäß der dritten Ausprägung vollständig auf Übersteigen-Sollen verzichtet, sodass, wovon es spricht, weiter nichts als eine Pervertierung dessen sein kann, was tatsächlich auszusagen ist. D a h e r z i e l t d i e s e s D e n k e n a u c h n i c h t a u f d i e T h e m a t i s i e r u n g d e r G l e i c h w ü r d i g k e i t d e r M e n s c h e n a b , s o n d e r n a u f d i e D a r s t e l l u n g d e s e i g e n e n Ü b e r m e n s c h - S e i n s i n R e l a t i o n z u d e n A n d e r e n , v e r k n ü p f t m i t d e m e n t s p r e c h e n d e r O p f e r b e r e i t s c h a f t .

In Rücksicht auf die Beziehung zwischen der zweiten und der dritten Ausprägung ist zu beachten: Gerade aufgrund der Abkehr von der Fokussierung auf das Ich, wie sie also in der dritten Ausprägung auftritt, wird diese an sich für die „Sieger" der zweiten Ausprägung wenig attraktiv sein. Auch werden sie keine Veranlassung haben, die pseudoreligiöse Ausrichtung als Weiterentwicklung ihres Verständnisses von rationalem Denken zu begreifen. D a s b e d e u t e t a b e r n i c h t , d a s s d i e d r i t t e A u s p r ä g u n g f r e i v o n j e d e r A t t r a k t i v i t ä t f ü r d i e s e „ S i e g e r " i s t .

Der Grund hierfür ergibt sich aus folgendem Umstand: Eine von der zweiten Ausprägung bestimmte Gesellschaft muss notwendig von einem starken sozialen Gefälle geprägt sein, was sie dafür anfällig werden lässt, von den „Verlierern" nicht nur kritisch hinterfragt zu werden. Es wohnt also – aus der Sicht der „Sieger" betrachtet – dieser Gesellschaftsform notwendig ein Unsicherheitsfaktor ein. Zwar werden sie darum bemüht sein, auf rationaler Ebene die Darstellung der Legitimität ihrer Position bzw. der zweiten Ausprägung insgesamt zu geben, doch werden die „Verlierer" vor allem in Zeiten wirtschaftlich angespannter Verhältnisse hierfür wenig zugänglich sein. Sinnvoller muss es sein, wenn die „Sieger" eine Strategie wählen, die aus jenem pseudoreligiösen Gehalt erwächst, den sie sich bereits innerhalb der zweiten Ausprägung selbst zuweisen, wenn sie sich also **die dritte Ausprägung, die auf einer Entfaltung hiervon basiert, als Maske aufsetzen.**

Der Gewinn, der ihnen hieraus erwächst, besteht vor allem darin, einen *Sündenbock* anbieten zu können, auf den die Schuld für die unbefriedigende aktuelle Situation abgeladen werden kann, von sich selbst ablenkend. **Dieser *Sündenbock* sind die *Anderen*, denen man sich überlegen fühlt.** Dieses Gefühl der Überlegenheit soll mit den „Verlierern" geteilt werden, ohne dass hierdurch eine hierüber hinaus gehende Solidarisierung mit diesen provoziert wäre.

Nicht unerwähnt soll bleiben, dass jene „Sieger" der zweiten Ausprägung, die zu dieser Maske greifen, von der Ernsthaftigkeit der Inhalte, die diese Maske repräsentiert, überhaupt nicht überzeugt sein müssen – sie müssen nur skrupellos genug sein, sich diese Maske aufzusetzen.

Wieso aber können jene, die sich diese Maske aufsetzen, kalkulieren, dass sie, wird sie den „Verlierern" vorgehalten, von diesen akzeptiert wird? Der Grund hierfür ergibt sich aus der *Universalität von Person-Sein*. Es ist ja ausgesagt worden, dass jedes mögliche Ich gleichermaßen – universal – personales Ich ist und somit gleichermaßen – universal – mit der fundamentalen Aufgabe (Herausforderung) konfrontiert ist: Jedes Ich steht vor der Aufgabe, sich für oder gegen das Übersteigen-Sollen entscheiden zu müssen; entscheidet es sich dagegen, so ist es mit dem gesamten Spektrum in Gestalt der genannten Ausprägungen konfrontiert; *es handelt sich hier um kein Spektrum, das nur für die „Sieger" Geltung besitzt*! Hieraus folgt, dass ein Mensch, der den „Verlierern" zuzuordnen ist, durch besagte Maske angesprochen werden kann. Es muss ihm suggeriert werden können, sein personales Bedürfnis durch das Ausleben von Hybris befriedigen zu können, dadurch also, dass er sich in jene Einheit eingliedert, die durch die Idolisierung von Heimat usw. definiert ist. Die mystische Verklärung dieser Einheit muss nur stark genug sein, um den Umstand nicht transparent werden zu lassen, innerhalb dieser Einheit gerade nichts mit der Führer-Schicht zu schaffen zu haben, insofern also Menschen aus der Gruppe der *Anderen* näher zu sein als ebendieser Führer-Schicht.

Endlich ist anzumerken, dass diese Maske, wie alles, was zu den Ausprägungen festgehalten worden ist, somit auch bereits in der ersten Ausprägung *keimhaft* gegeben sein muss. Auch diese Ausprägung trennt die Menschen in „Sieger" und „Verlierer", trägt also besagtes Spannungspotenzial grundsätzlich in sich. Freilich wird in dieser Situation keiner Maske im Sinne der dritten Ausprägung bedurft. Bezeichnet man diese als s t a r k e   F o r m   der Maske, so genügt gleichsam eine s c h w a c h e   F o r m   (hierauf wird zurückzukommen sein).

A n h a n g. Alle folgenden Ausführungen basieren substanziell auf den Begriffen *Ausprägung* und *Maske*. Dem Inhalt dieser Ausführungen kann man sich nur öffnen – egal ob anerkennend oder ablehnend –, wenn strikt beachtet wird, dass es sich hierbei um aus der Philosophie heraus konzipierte Begriffe handelt, konkret einer in Distanz zu bürgerlich-marktgesellschaftlich konzipierten Philosophie. Das muss sich im Umgang mit ideologischen Begriffen und Argumenten widerspiegeln. Argumente, auch angesehener Autoren der bürgerlichen Wissenschaften, müssen daher kritisch hinterfragt werden. Anhand eines Beispiels sei dies verdeutlicht.

Griffin[51], einer der angesehensten Faschismus-Forscher, hat in einem Interview 2004 folgende Aussagen getätigt:

„Kurz gesagt, die Neue Rechte hat nachweislich einen faschistischen Stammbaum und ist der faschistischen Ideologie zutiefst verpflichtet. Auch wenn sie sich als meta-politisch ausgibt, ist sie doch keineswegs a-politisch und ihre Ideologie zeigt klare strukturelle Affinitäten zu den radikalen rechten und faschistischen Traditionen der Anti-Aufklärung, des Anti-Liberalismus und des konterrevolutionären Denkens."

„Es ist weniger wichtig, *wie* wir ein Phänomen bezeichnen, als zu erkennen, *dass* seine kaum verdeckten Ziele darin bestehen, die kulturelle Hegemonie der liberalen Demokratie und des Kapitalismus zu überwinden – so dass extreme Xenophobie geschürt wird, einer ethnozentrischen Ablehnung multikultureller Gesellschaften und des Materialismus das Wort geredet werden, indem Weltoffenheit, parlamentarische Demokratie und Finanzkapitalismus attackiert werden […]."

Griffin hebt also die Ablehnung der Aufklärung, den Anti-Liberalismus der faschistischen Tradition hervor, wie auch des Materialismus, von Weltoffenheit, aber auch Finanzdemokratie und Kapitalismus. Im Lichte der vorausgegangenen Überlegungen betrachtet, mutet diese Zusammenstellung eigentümlich an. Der Verweis auf den Materialismus signalisiert sogleich, dass das Übersteigen-Sollen abgelehnt wird (konkret wird es nicht einmal in Betracht gezogen). In diesem Sinne ist somit auch Kapitalismus – eigens wird der Finanzkapitalismus angeführt – zu verstehen.

Kapitalismus wird somit nicht im Sinne der Anerkennung der Marktwirtschaft verstanden, sondern im Sinne einer marktgesellschaftlichen Verzerrung von Markwirtschaft. Also exakt im Sinne dessen, das, wie sogleich zu thematisieren sein wird, eine der Quellen faschistischen Denkens ist.

---

51 Die zitierten Aussagen Griffins sind dem im DISS-Journal 13, 2004 veröffentlichten Interview *Der umstrittene Begriff des Faschismus* entnommen.

Aufklärung, auf die Griffin auch verweist, muss daher im bürgerlich-marktgesellschaftlichen Denken verfehlt werden, wenn mit dem Begriff Einsicht in die Seinsverhältnisse gemeint ist. Diese Verhältnisse basieren eben auf der dargelegten Gleichwürdigkeit der Menschen, sodass von einem Denken, das nicht zu ihnen vordringt, nicht behauptet werden kann: Es *klärt* die Seinsverhältnisse *auf*.

Tatsächlich stellen sich die Fragen, wieso ein solches Denken darauf pocht, *aufklärerisch* zu sein, und ob es grundsätzlich in der Lage sein kann, Faschismus, ethnischen Pluralismus, Extremismus der Mitte usw. erklären zu können, nämlich so grundsätzlich, dass auch die mögliche Quelle derartiger Ideologien (Politiken) angesprochen wird.

7.3 Eine Einheit aus *zweite Ausprägung* und *starke Form* der Maske: Großindustrie und NSDAP am Ende der Weimarer Republik

In Abschnitt 7.2 ist ausschließlich aus einer philosophischen Grundlage heraus argumentiert worden; alleine aus dieser Perspektive heraus sind die genannten gesellschaftlichen Ausprägungen dargelegt worden. Abschnitt 7.3 dient der Konkretisierung hiervon anhand der Betrachtung einer geschichtlichen Manifestation des Denkens im Sinne der zweiten Ausprägung und ihrem Zugriff auf ein solches gemäß der dritten Ausprägung. Das ausgewählte Beispiel betrifft das Verhältnis der Industrie zum Nationalsozialismus – der NSDAP – am Ende der Weimarer Republik.

Der marxistische Politiker Dimitroff hat am VII. Kongress der Kommunistischen Internationale *Faschismus* wie folgt charakterisiert[52]:

---

52 Dimitroff, G. 1935: *Die Offensive des Faschismus und die Aufgaben der Kommunistischen Internationale* – zit. aus: www.marxists.org

„Nein, der Faschismus ist keine über den Klassen stehende Macht und keine Macht des Kleinbürgertums oder des Lumpenproletariats über das Finanzkapital. Der Faschismus ist die Macht des Finanzkapitals selbst."

Hier wird also Faschismus unmittelbar mit der „Macht des Finanzkapitals" gleichgesetzt, wobei sich *Finanzkapital* wohl in *imperialistischer Monopolkapitalismus* übersetzen lässt. Marxistische Historiker haben diese Position aufgegriffen und zu zeigen versucht, dass der Aufstieg der NSDAP in der Weimarer Republik die Folge umfangreicher finanzieller Zuwendungen aus der Industrie gewesen ist. Von der faschistischen Politik der NSDAP sollte sich die Industrie einerseits erhoffen können, in den eigenen Wachstumsvorstellungen unterstützt zu werden und andererseits vor der „bolschewistischen Gefahr" beschützt zu werden.

Ein Buch bringt diese Theorie marxistischer Historiker insbesondere zum Ausdruck; Czichons *Wer verhalf Hitler zur Macht.*[53]

„Im Interesse der historischen Wahrheit müssen wir aber feststellen, daß die Voraussetzung jener Wahlerfolge [der NSDAP] [...] sowohl das Geld einer zunehmenden Gruppe einflußreicher Großindustrieller als auch deren politische, psychologische und organisatorische Unterstützung der Nazipartei war. Sie erst machten Hitler vom unbedeutenden Führer politischer Abenteurer zu ihrem repräsentativen Exponenten." (S. 16)

Czichon zeichnet den Weg – wie er ihn sieht – der Öffnung der Industrie gegenüber der NSDAP nach und findet letztlich zu folgendem Resümee:

„So ergibt die historische Analyse, daß eine Mehrheitsgruppe deutscher Industrieller, Bankiers und Großagrarier Hitlers Kanzlerschaft gewollt und organisiert hat. [...] Dabei war kein ‚unabwendbares dämonisch – es Schicksal niemals aufhörender Macht-

---

53 Czichon, E. 1978[5]: *Wer verhalf Hitler zur Macht? – Zum Anteil der deutschen Industrie an der Zerstörung der Weimarer Republik* – Köln; letztlich ist dieses Buch innerhalb der marxistischen Wissenschaft zumindest in Vergessenheit geraten, was hier nicht zu interessieren braucht.

kämpfe' im Spiel, wie Prof. Gerhard Ritter historische Vorgänge interpretieren möchte[54], sondern man darf vielmehr mit Prof. Karl Jaspers feststellen, ‚daß die große Flut die Deiche nicht durchbrochen hätte, wenn nicht jene Leute in den führenden Stellungen die Schleusen geöffnet hätten'.[55] | Wer die Schleusen öffnete, wurde hier versucht, sehr detailliert nachzuweisen; fragen wir aber, wie uns Prof. Jaspers auffordert, nach dem Antrieb der Beteiligten, so darf man doch als in den Nürnberger Prozessen hinlänglich erhärtet feststellen, daß jene Industriellen und Bankiers von Hitler eine neue Aufrüstung erwarteten, um über sie eine höhere Rendite ihres Kapitals zu erzielen, und daß er sie gleichzeitig im Sinne der Sicherung dieser Rendite vor der wachsenden demokratischen Kampfbereitschaft der Massen schützen sollte." (S. 54f.)

Diese marxistische Sichtweise ist von der bürgerlichen Wissenschaft immer mehr in Abrede und letztlich grundsätzlich bestritten worden, auch wenn ein gewisses Maß an Uneinigkeit darüber geblieben ist, wie intensiv nun die Zuwendungen der Industrie an die NSDAP tatsächlich gewesen sind; gänzlich in Abrede konnten sie natürlich nicht gestellt werden.

Neebe[56] kommt in seinem Buch *Großindustrie, Staat und NSDAP 1930–1933* zu dem Urteil, dass der Großteil der Industrie am Vorabend der Machtübernahme durch die NSDAP an dieser *kein Interesse* hatte:

„Die vielfach kolportierte These einer geschlossenen Industriefront für eine Machtübertragung auf Hitler im Januar 1933 kann wie auch dieses Dokument belegt, nicht weiter aufrechterhalten werden. Tatsächlich trat nur der Thyssen-Flügel vorbehaltlos für die Kanzlerschaft Hitlers ein, während die gemäßigte Schwerindustrie um Reusch und Springorum (Langnam-Verein) in einer Neuauflage des Papen-Kabinetts verbreiterter Grund-

---

54 Ritter, G. 1966 in Historische Zeitschrift Bd. 202 Heft 3, S. 587ff.
55 Jaspers, K. 1963: *Wohin treibt die Bundesrepublik* – München, S. 142
56 Neebe, R. 1981: *Großindustrie, Staat und NSDAP 1930–1933* – Göttingen (zit. nach: PDF-Version 2003)

lage die ihr genehme Lösung erblickt. RDI [Reichsverband der Deutschen Industrie] und DIHT [Deutscher Industrie- und Handelstag] sprachen sich demgegenüber nachdrücklich für ein Verbleiben des amtierenden Reichskanzlers von Schleicher aus und warnten eindringlich vor Kombinationen, die eine Wiederherstellung der Harzburger Front und die Hereinnahme der NSDAP in die Regierungsverantwortung zum Ziel hatten." (S. 152)

Wie sind derart unterschiedliche Ergebnisse, wie sie Czichon und Neebe bieten, möglich? Argumentiert einer von beiden oder gar beide durch eine ideologische Brille, lediglich darum bemüht, eine vorgefasste Vorstellung als die Realität wiedergebend darstellen zu können? Auf jeden Fall verzichten beide auf die Beachtung der philosophischen Dimension, wie sie zuvor skizziert worden ist, was sich noch als bedeutungsvoll erweisen wird.

Die folgende Betrachtung bietet eine Auseinandersetzung mit der Position Neebes und versucht zu zeigen, was es bedeutet, dass die von ihm herangezogenen Daten letztlich gerade *nicht* seine Schlussfolgerungen unterstützen, sondern Czichons Perspektive, wiewohl dahingehend, dass der Zugang der Industrie zum Nationalsozialismus am Ende der Weimarer Republik ohne besagte philosophische Dimension unverstanden bleibt.

Da in der folgenden Betrachtung die Zeit der Präsidialregierungen (1930–33) interessiert, sei mit Feststellungen Neebes zum Anfang hiervon begonnen:

„Die im Juni 1930 sichtbar gewordene Bereitschaft der Großindustrie zu neuerlicher Zusammenarbeit mit Sozialdemokratie und Gewerkschaften wurde durch die Maßnahmenpolitik des amtierenden Reichskanzlers Brüning unterlaufen. […] der Kanzler verfolgte kompromißlos den vom Reichspräsidenten Hindenburg beim Amtsantritt erhaltenen ‚Auftrag' unter keinen Umständen die Sozialdemokratie erneut zur Regierungsbildung hinzuzuziehen." (S. 73)

Hierauf läßt Neebe folgen, dass für den schwerindustriell bestimmten Unternehmerflügel Brüning[57] aufgrund seiner antipar-

---

57 Reichskanzler von März 1930 bis Mai 1932

lamentarischen Wende zu einer „akzeptablen politischen Größe" geworden ist. Springorums[58] „Vorbehalte gegen die parlamentarische Bindung des Kabinetts" seien daher „gegenstandslos" geworden.

Sodann ist zu lesen:

„Die sozial- und ordnungspolitischen Implikationen des geforderten Notverordnungsrechts waren somit eindeutig am großindustriellen Interesse orientiert: Hier ging es nicht mehr um den gesellschaftlichen Kompromiß und um eine gleichmäßige Verteilung der Lasten der Krise, sondern um die Abwälzung auf diejenigen Schichten der Bevölkerung, deren politische Vertretung mit der Ausschaltung des Parlaments ihren Einfluß weitgehend eingebüßt hatte." (S. 74)

Wie soll es möglich sein, dass die Großindustrie im Juni 1930 positive Signale in Richtung Sozialdemokratie aussendet, wenn sie im Juli 1930 (Reichstagsauflösung am 18. Juli!) eine politische Wende begrüßt, die *völlig konträr* hierzu ist? Mehr noch: Wenige Seiten zuvor hat Neebe noch ausgeführt, dass der RDI[59] bei der Mitgliederversammlung am 12. 12. 1929 – also rund sechs Monate vor dem Juni 1930 – der großen Koalition und speziell der SPD *den Kampf angesagt* hat!

Damit soll nicht in den Raum gestellt sein, dass der RDI einem Monolith geglichen hat, sodass unterschiedliche Positionen gegenüber der Sozialdemokratie von vornherein ausgeschlossen sind. Wichtiger als dies ist aber, dass positive Signale in Richtung Sozialdemokratie primär einem strategischen Kalkül entwachsen sein können. Neebe selbst verweist hierauf:

„Nicht zu Unrecht argwöhnte von Gilsa, daß Kastl[60] die Aufforderung zur Beibehaltung der Koalition nicht nur taktisch meinte. [...] Die latenten Spannungen mündeten auf der RDI-Vorstandssitzung vom 16. Januar 1930 in einer offenen Kontro-

---

58 Hoechst AG
59 RDI = Reichsverband der Deutschen Industrie
60 Reichsverband der Deutschen Industrie

verse: Ausgangspunkt einer erregten Diskussion zwischen Kastl und Reichert (VDEStI[61]) bildete die abweichende Interpretation der Rolle der bürgerlichen Parteien bei der ‚Mißwirtschaft' seit 1924/25. Kastl widersprach dabei entschieden der These Reicherts, daß die Sozialdemokratie allein verantwortlich zu machen sei und daraus heute politische Konsequenzen gezogen werden müssten." (S. 56)

Dass die positiven Signale an die Sozialdemokratie vor allem Kalkül sind, zeigt sich eindrucksvoll im Zusammenhang mit Silverberg.[62] Dieser, so Neebe, hat noch im Frühjahr 1932 „intensiv für die Zusammenarbeit mit der Sozialdemokratie geworben" (S. 157). Was hierunter zu verstehen ist, das erhellt aus folgenden Ausführungen Neebes:

„Für die der Entscheidung Hindenburgs vom 13. August 1932 zugrunde liegenden Beweggründe, das autoritäre System unter Führung von Papens[63] auch gegen die überwiegende Mehrheit des Reichtags zu bestätigen, wurde wohl ‚weitgehendes Verständnis' entgegengebracht, jedoch konnten sich Silverberg und die Führerbrief-Redaktion ‚der Schlußfolgerung nicht anschließen, daß deshalb mit dem Kabinett Papen weiterregiert werden soll, bis die Krise beendet und überwunden ist. Denn wir vermögen uns nicht vorzustellen, wie eine Regierung mit den Aufgaben, die ihr von diese Zeit gestellt werden, fertig werden soll, wen nahezu das ganze Volk ihr ablehnend, ja feindlich gegenübersteht.' […] Es wäre für uns alle sehr viel besser, wenn die unpopulären Maßnahmen – man denke nur an die unvermeidliche Lohnsenkung, an die übrigen, ebenso unentbehrlichen Maßnahmen zur Selbstkostenherabsetzung – wenn diese Maßnahmen von einer großen Massenpartei mitgetragen und verantwortet werden könnten, statt daß sie ihr als willkommene Anlaß zu taktischer Opposition geboten werden." (S. 159)

---

61 VDEStI = Verein Deutscher Eisen- und Stahlindustrieller
62 Rheinische AG für Braunkohlenbergbau und Brikettfabrikation
63 Reichskanzler von Mai 1932 bis Dezember 1932

Silverberg und die Deutsche Führerbriefe-Redaktion erkennen also, dass eine autoritäre Regierung, die auf sich alleine gestellt ist, „auf Dauer" nicht effizient sein kann: „effizient" im Sinne der Durchsetzung der Wünsche der Großindustrie, da diese implizieren, „unpopuläre Maßnahmen" setzen zu müssen. Sollen diese Maßnahmen ergriffen werden können, so bedarf es einer M a s k e , um den zuvor geprägten Begriff zu verwenden.

Worauf es hier insbesondere ankommt, das ergibt sich aus folgenden Ausführungen Neebes:

„Hinter dieser grundsätzlichen Kritik verbarg sich eine neue politische Gesamtkonzeption Silverbergs, die sich bereits gegen Ende der Brüning-Ära herausgebildet hatte, nun aber das Stadium konkreter Aktion gewann. Die seit Gründung der ZAG[64] 1918 verfolgte Strategie der Einbindung der Sozialdemokratie zur Stabilisierung der bürgerlichen Herrschaft war jetzt fallgelassen worden und durch ein Modell ersetzt, in dem der Nationalsozialismus die Rolle der SPD zugewiesen wurde." (S. 159)

„Als Publikationsebene fungierten diesmal die Führerbriefe, in denen am 16. und 20. September 1932 der wegweisende Doppelartikel ‚Die soziale Rekonsolidierung des Kapitalismus' abgedruckt wurde. Diese Abhandlung gilt der marxistischen Geschichtsschreibung ‚als Schlüsseldokument für den Nachweis der bewußten und planmäßigen Errichtung der nazifaschistischen Diktatur durch das Monopolkapital'." (S. 160)

Hier wird also die Maske ganz deutlich ausgesprochen. Es lässt sich aber noch mehr finden:

„Vermöge ihres sozialen Charakters als originäre Arbeiterpartei brachte die Sozialdemokratie in das System der damaligen Konsolidierung über all ihre rein politische Stosskraft hinaus das viel wertvollere und dauerhafte Gut der organisierten Arbeiterschaft ein und verkettete diese unter Paralysierung ihrer revolutionären Energie fest mit dem bürgerlichen Staat." (S. 160)

---

64 ZAG = Zentralarbeitsgemeinschaft der gewerblichen Arbeitgeber und Arbeitnehmer Deutschlands

„Wenn es dem Nationalsozialismus gelänge, diese Führung zu übernehmen und die Gewerkschaften in eine gebundene Sozialverfassung einzubringen, so wie die Sozialdemokratie sie früher in die liberale eingebracht hat, so würde der Nationalsozialismus damit zum Träger einer für die künftige bürgerliche Herrschaft unentbehrlichen Funktion und müßte in dem Sozial- und Staatssystem diese Herrschaft notwendig seinen organischen Platz finden." (S. 160)

Angesichts hiervon stellt sich die Frage, inwieweit Silverbergs Position repräsentativ für das Denken der Industriellen ist. Die Beantwortung dieser Frage erfordert eine genaue Festlegung davon, was mit dem von Silverberg angestrebten Wechsel von der SPD zur NSDAP konkret zum Ausdruck gebracht sein soll.

Offensichtlich bedient sich Silverberg der NSDAP als Maske, übernimmt also nicht deren Gedankengut. Ist somit auch nicht hiervon zu sprechen, so ist zweifellos davon zu sprechen, dass *er keine Probleme damit hat*, sich der Maske zu bedienen. Sie dient ihm zur Protegierung einer auf die Wünsche der Großindustrie ausgerichteten Konzeption der Gesellschaft.

Silverberg erkennt nun, dass zur Realisierung der Gesellschaft, wie sie die Industrie anstrebt, eine Massenpartei nötig ist, da die Industriellen als – ihrem Selbstverständnis nach – elitäre Spitze nicht fortgesetzt gegen die breite Bevölkerung agieren können. Die Maske, derer es sich daher zu bedienen gilt, muss einerseits diese elitäre Spitze anerkennen, was gleichbedeutend damit ist, jeglicher Form von Wirtschaftsdemokratie, Staatskapitalismus (Interventionismus) usw. eine klare Absage zu erteilen, zugleich aber in der Lage sein, die Nation als eine Einheit darstellen zu können, sodass die Differenz zwischen „Spitze" und „breiter Masse" dieser nicht ersichtlich wird. Silverberg sieht diese Bedingungen von der NSDAP erfüllt.

Tatsächlich wird diese Ansicht innerhalb der Industrie nicht einhellig geteilt. Das gilt es also genauer zu betrachten, was mit dem Hinweis darauf anzuheben hat, dass das System der Präsidialregierungen grundsätzlich die Ausrichtung auf einen autoritären Staat bedeutet, in Distanz zur Demokratie bzw. „einer vom Parlament weitgehend unabhängigen Regierung" (Neebe: S. 58). Dass mit Brüning ein Politiker der ersten Präsidialregierung vorgestanden hat, der auf eine konstitutionelle Monarchie hingearbeitet hat, überrascht daher nicht.

Reusch[65], so hält Neebe fest, formuliert die Ausschaltung der Bedeutung der Parteien explizit:

„Wir kommen in Deutschland nur weiter, wenn die Parteien bei der Regierungsbildung *in Zukunft* ausgeschaltet werden. Das vorzunehmende Reformwerk ist so ungeheuerlich groß, daß man vorläufig nicht daran denken kann, die Parteien im Reich und Preußen irgendwie wieder an die Regierung heranzulassen." (S. 131)

Interessant ist, was Neebe zum Brüning-Nachfolger Papen – er hat sein Amt am 1. Juni 1932 angetreten – festhält.[66]

„Der Versuch des Brüning-Nachfolgers von Papen, autoritäre Konzepte zur Sanierung von Staat und Wirtschaft unabhängig und gegen die Mehrheiten der Bevölkerung durchzusetzen, stieß auf eine breite Zustimmung innerhalb der Wirtschaft. Die Alternative zum System Brüning konkretisierte sich hier, ohne daß eine Einbeziehung der mit bleibender Skepsis betrachteten nationalsozialistischen Bewegung notwendig zu werden schien. So beobachtete die Industrie auch die Arbeitsstelle Schacht nach dem Sturz Brünings nicht mehr mit der gleichen Intensität wie zuvor. Papen schien eine neue Lösung vorzuzeichnen, die zumindest im Spätsommer 1932 das Interesse an der NSDAP in den Hintergrund treten ließ." (S. 125f.)

---

65 Gutehoffnungshütte AG, Oberhausen
66 Zudem zitiert Neebe Papen mit folgenden Worten: „Wir wollen eine machtvolle und überparteiliche Staatsgewalt schaffen, die nicht als Spielball von den politischen und gesellschaftlichen Kräften hin und her getrieben wird, sondern über ihnen unerschütterlich steht. ... Die Reichsregierung muß unabhängig von den Parteien gestellt werden, ihr Bestand darf nicht Zufallsmehrheiten ausgeliefert sein. Das Verhältnis von Regierung und Volksvertretung muß so geregelt werden, daß die Regierung und nicht das Parlament die Staatsgewalt handhabt." (S. 136)

„Papen ließ in seinen ersten programmatischen Äußerungen keinen Zweifel an der selbständigen und eigenverantwortlichen Rolle der Privatwirtschaft aufkommen und bezeichnete es ‚als grundlegende[n] Irrtum, daß der omnipotente, unpersönliche Staat an die Stelle der persönlichen Verpflichtung des Arbeitgebers treten könne. Die Verantwortlichkeiten, die aus der gottgewollten organischen Regelung der Dinge erwachsen, müssen wieder aufgerichtet, die Verbundenheit von Arbeitgeber und Arbeitnehmer wiederhergestellt werden.'" (S. 127)

Diese Zitate zeigen insbesondere, dass sich „die" Industrie von der NSDAP abgewendet hat – was voraussetzt, dass zuvor eine *Hin*wendung aufgetreten sein muss –, konkret aufgrund des Auftretens der *autoritären* Regierung Papens. Das zweite Zitat verdeutlicht zudem, dass sich Papen auch als Maskenträger versucht hat, der seine Politik als Anerkennung „gottgegebener Ordnung" versteht und aus diesem Grund berechtigt sein soll, von der *Verbundenheit* der Arbeitgeber und Arbeitnehmer sprechen zu können.[67] Ausdruck dieser „Verbundenheit" sind dann wohl auch Papens Eingriffe in das Tarifsystem: Unterschreitung von Tariflöhnen bei Schaffung zusätzlicher Arbeitsplätze. *Diese Art* der Arbeitsplatzbeschaffung „fand gleichfalls die uneingeschränkte Billigung der Wirtschaft" (S. 129). Aus der Perspektive der Industrie hatte Papen aber auch seine Schattenseite, so sein Eintreten für „eine aktive Konjunkturpolitik der öffentlichen Hand" (S. 129), und den Umstand, dass er sich im „Interessenskonflikt zwischen Industrie und Landwirtschaft eher zugunsten der Großagrarier entscheiden würde" (S. 129).

Angesichts hiervon ist eine Feststellung Neebes aufzugreifen, die erstaunt:

„Programmatik und ideologisches Konzept der Papen-Regierung war für diejenigen Industriellen von besonderer Attraktivität, die sich in der Endphase der Brüning-Ära aus Mangel an politischen Alternativen dem Nationalsozialismus zugewendet hatten." (S. 131)

---

67 Nietzsche hätte wohl hinzugefügt: „Und zwinkert mit den Augen."

Natürlich kann man diesen Satz als rein beschreibende Feststellung verstehen, und dann ist er nicht falsch. Neebe verwendet den Satz aber nicht rein beschreibend und dadurch wird er (zumindest) problematisch. Was soll es bedeuten, dass sich jemand *aus Mangel an Alternativen* der NSDAP zuwendet? *Nach welchen* Alternativen hat man Ausschau gehalten? Nach einer sozialdemokratischen Alternative – die nicht bloß Maske sein soll – zweifellos nicht. *Wann* ist man bei der Suche nach einer Alternative fündig geworden? **Mit dem Auftreten einer autoritären Politik im Sinne der zweiten Ausprägung.**[68]

Hierauf zielt Neebe aber nicht ab. Nachdem er festhält, dass die Industriellen den Kontakt zur NSDAP nicht vollkommen beenden wollten[69], erfährt man:

„In den Verhandlungen nach der Reichtagswahl vom 31. Juli 1932, in der die NSDAP ihren Stimmenanteil von 18,3 % auf 37,4 % steigern konnte und mit 230 Mandaten erstmals die stärkste Fraktion im Reichstag bildete, unterstützten die gemäßigten Schwerindustriellen folgerichtig das Konzept Papens und Hindenburgs, Hitler die Übernahme der Regierungsverantwortung zu verweigern." (S. 131)

Wenige Seiten später findet Neebe zu folgenden Worten:

„Die im gleichen Zusammenhang vollzogene scharfe Wendung Papens gegen den Führungsanspruch Hitlers, als ‚mystischer Messiasglaube an den wortgewaltigen Führer als den einzigen zur Leistung der Geschicke Berufenen' abgetan, verdeutlichte,

---

68 Dass die bürgerliche Wissenschaft in diesem Punkt „Probleme" haben muss, wird verständlich, wenn man sich an die gebrachten Ausführungen Ricardos und Gossens zur Marktgesellschaft (Opferbereitschaft usw.) erinnert.

69 „Trotzdem schloß diese Strategie eine Bündnispolitik der bürgerlichen Parteien mit der NSDAP nicht unbedingt aus: Reusch wollte sie allerdings im August 1932, im Gegensatz zu seiner Haltung im Frühjahr, nur auf Länderebene und nur dort realisiert sehen, wo ‚vorläufig keine Möglichkeit' bestehe, ‚eine außerparlamentarische Regierung zu schaffen'." (S. 131)

daß die NSDAP in den Konzeptionen der konservativen Rechten nicht mehr unbedingt die Schlüsselrolle einnahm und höchstens als Juniorpartner akzeptiert wurde. Die diesbezüglichen, durchaus provokanten Passagen der Münchener Rede führten zu einer öffentlich ausgetragenen Kontroverse zwischen Papen und Hitler und dokumentierten tiefgreifenden Dissens von national-konservativer und faschistischer Krisenstrategie im Herbst 1932." (S. 136)

„Die überwiegende Mehrheit der Industrie setzte daher auf die anti-parlamentarisch-konservative Konzeption Papens und lehnte die Übertragung der Regierungsverantwortung auf die Nationalsozialisten entschieden ab." (S. 136)

Dieserart findet Neebe also zu dem genau entgegengesetzten Ergebnis, das Czichon präsentiert: „Die überwiegende Mehrheit der Industrie" – so Neebe – habe dem Nationalsozialismus nicht „die Schleusen geöffnet", sondern sei sogar darum bemüht gewesen, ebendies zu verhindern.

Überblickt man die gebrachte Argumentation, so zeigt sich aber, dass Neebes Position problembeladen ist. Die *weiten Teile der Industrie* stellen sich nicht, was Neebe nicht explizit macht, aus dem Bemühen um Demokratie und Anerkennung der Gleichwertigkeit der Menschen gegen Hitler bzw. die NSDAP, sondern da ihnen der Nationalsozialismus nicht strikt (genug) auf die Privatwirtschaft – die unternehmerische Initiative – ausgerichtet ist. Wohl erkennen sie, dass der Nationalsozialismus mit Sozialismus im Sinne von Sozialdemokratie nichts zu schaffen hat, doch ist ihnen das eine (rassisch, ethnisch usw. gesäuberte) *Volk* zu vage, als dass sie mit der diesem Eines trotzdem einwohnenden Vorstellung von *Elite in Differenz zur „breiten Masse"* etwas anzufangen wissen: Die Industrie begreift *Elite* im Sinne der Ausrichtung auf die Wirtschaft, geht also im Sinne der zweiten Ausprägung vor. Der Nationalsozialismus begreift *Elite* nicht in unmittelbarer Ausrichtung auf die Wirtschaft. = Er begreift sie im Sinne der dritten Ausprägung.

Das führt nicht nur zu Kommunikationsproblemen, das führt auch dazu, dass die Industrie ihr Engagement in Richtung Zerschlagung der Demokratie und der Beachtung der Gleichwürdigkeit der

Menschen, *wenn möglich*, nicht mit den Mitteln der dritten Ausprägung befriedigt sehen möchte. Ihre Vorstellung von der Befriedigung ihrer Hybris setzt den Unternehmer – konkret den monopolkapitalistischen Unternehmer – an jene Stelle, die in der dritten Ausprägung von einer „mystischen" Führerfigur eingenommen wird.

Angesichts hiervon ist zu beachten, dass die Präsidialregierungen nur wenige Jahre nach der Revolution 1918 im Amt gewesen sind. In Brünings Ausrichtung auf eine konstitutionelle Monarchie und Papens „Kabinett der Barone" verdeutlicht sich, dass diese Revolution keine vollständige Diskreditierung monarchistischen Gedankengutes herbeigeführt hat. Insbesondere die Wahlniederlage Papens im September 1932 signalisiert aber, dass sich monarchistische Vorstellungen n i c h t m e h r als Maske für Ambitionen im Sinne der zweiten Ausprägung eignen:

„Die vernichtende Abstimmungsniederlage Papens in der Reichstagssitzung vom 12. September 1932, in der von 513 Abgeordneten nur noch eine verschwindende Minderheit von 32 Parlamentariern der Regierung das Vertrauen aussprachen, verdeutlichte einerseits das Zerwürfnis zwischen Konservativen und Nationalsozialisten, zeigte andererseits aber ebenso klar das Dilemma der bürgerlichen Rechten auf: Autoritäre Politik ohne Massenbasis war auf Dauer nicht durchführbar." (S. 134)

Über diese Basis verfügte die NSDAP seit der Reichstagswahl 1930 (plus 15,7 % der Stimmen). Ihre Bereitschaft, im Sinne der dritten Ausprägung irrationale Elemente einzusetzen, um sich zu präsentieren, zeigen z. B. die Inszenierungen der Parteitage (Lichterdom, Führerkult usw.). Insofern eignet die NSDAP also als Maske. Liest man aber das 25 Punkte-Programm der NSDAP, so scheint die Frage tatsächlich gerechtfertigt, ob sich die Industrie dieser Maske bedienen soll. Dieses Programm enthält folgende Ausführungen:

„11. Abschaffung des arbeits- und mühelosen Einkommens. Brechung der Zinsknechtschaft!" „13. Wir fordern die Verstaatlichung aller (bisher) bereits vergesellschafteten (Trust) Betriebe." „18. Wir fordern den rücksichtslosen Kampf gegen diejenigen, die durch ihre Tätigkeit das Gemein-Interesse schädigen." „Sie [die Partei] bekämpft den jüdisch-materialistischen Geist in und außer uns und ist überzeugt, daß eine dauernde Genesung unseres Volkes nur erfolgen kann von ihnen heraus auf der Grundlage: Gemeinnutz vor Eigennutz."

In der Hauptresolution der Harzburger Tagung[70] vom 11. 10. 1931 ist zu lesen:

„Die nationale Opposition hat seit Jahren vergeblich gewarnt [...] vor einer Politik, die die heimische Wirtschaft zugunsten weltwirtschaftlicher Utopien preisgibt [...]."

Mag auch diese Feststellung im Sinne merkantilistischer Ambitionen der Landwirtschaft sein, insgesamt scheint angesichts der gebrachten Inhalte kein Weg von der NSDAP zur Industrie zu führen. Liest man aber genauer, so ändert sich das Bild sehr rasch. In der Hauptresolution der Harzburger Tagung ist nämlich zudem zu finden:

„Nur der starke nationale Staat kann Wirtschaft und Arbeitsplatz schützen, nur der starke nationale Staat kann das Leistungsprinzip in jeder Form verwirklichen und die zur Herbeiführung einer wahren Volksgemeinschaft notwendigen sozialen Maßnahmen durchführen."

Muss die Industrie diesen Staat tatsächlich fürchten? Ist hier nicht von einem Nachtwächterstaat die Rede, der sich gerade nicht mit Verstaatlichung vereinbaren lässt? Wo soll hier Platz sein für Wirtschaftsdemokratie, Staatskapitalismus usw.? Der Staat – die „starke Zentralgewalt des Reiches" – schützt die Wirtschaft und *ihren* Leistungsgedanken (= sich den Marktbedürfnissen unterordnen; sich als Person verleugnen). Im 25 Punkte-Programm wird dies noch deutlicher dargelegt:

„Gegenüber den verlogenen Auslegungen des Punktes 17[71] durch Gegner der Partei ist noch folgende Feststellung notwen-

---

70 Tagung der in der *Nationalen Opposition* (kurzfristig) vereinigten nationalistischen Kräfte; u. a.: NSDAP und Stahlhelm.

71 „Wir fordern eine unseren nationalen Bedürfnissen angepaßte Bodenreform, Schaffung eines Gesetzes zur unentgeltlichen Enteignung von Boden für gemeinnützige Zwecke. Abschaffung des Bodenzinses und Verhinderung jeder Bodenspekulation."

dig: Da die NSDAP *auf dem Boden des Privateigentums steht*, ergibt sich von selbst, daß der Passus ‚Unentgeltliche Enteignung' nur auf die Schaffung gesetzlicher Möglichkeiten Bezug hat, Boden, der auf *unrechtmäßige* Weise erworben wurde oder nicht nach den Gesichtspunkten des Volkswohls verwaltet wird, wenn nötig zu enteignen."

Beklemmend ist, was hierauf folgt:

„Dies richtet sich demgemäß in erster Linie gegen die jüdischen Grundstücksspekulations-Gesellschaften."

Das Feindbild – wesentlich für die dritte Ausprägung – wird also mitgeliefert. Im 25 Punkte-Programm ist daher auch zu lesen:

„*Staatsbürger* kann nur sein, wer Volksgenosse ist. *Volksgenosse* kann nur sein, wer *deutschen Blutes* ist, ohne Rücksichtnahme auf Konfession. K e i n J u d e k a n n d a h e r V o l k s g e n o s s e s e i n ." (Gesperrt gedruckte Hervorhebung hinzugefügt)

In Punkt 8 erfährt man:

„Jede weitere Einbürgerung Nicht-Deutscher ist zu verhindern. Wir fordern, daß allen Nicht-Deutschen, die seit 2. August 1914 in Deutschland eingewandert sind, sofort zum Verlassen des Reiches gezwungen werden."

Dergleichen braucht die Industrie nicht beeindruckt zu haben. Umso mehr wird sie von folgenden Feindbildausführungen in der Hauptresolution der Harzburger Tagung angetan gewesen sein:

„Die nationale Opposition hat seit Jahren vergeblich gewarnt vor dem Versagen der Regierung und des Staatsapparates gegenüber dem Blutterror des Marxismus, dem fortschreitenden Kulturbolschewismus [...]."

„Entschlossen, unser Land vor dem Chaos des Bolschewismus zu bewahren, unsre Politik durch wirksame Selbsthilfe aus dem Strudel des Wirtschaftsbankerotts zu retten und damit der Welt zu wirklichem Frieden zu verhelfen [...]."

Überblickt man die gegebenen Zitate aus dem 25 Punkte-Programm und der Hauptresolution, so wird einsichtig, dass die NSDAP sich als Maske für jene Teile der Industrie eignet, die kein Problem damit haben, sich eine derartige Maske vorzuhalten. Als eine Konkretisierung der dritten Ausprägung ist die

NSDAP nicht an sich gegen die monopolkapitalistisch gestaltete Marktgesellschaft, sondern hält deren Wirtschaftsrationalität gegenüber mystisch-irrationalen Vorstellungen zu einem Eliten und „breite Masse" zu einem Eines verschmelzenden Denken zurück. Hieran können die Eliten anknüpfen: **Sie können die NSDAP in ihrem Sinne instrumentalisieren, ohne selbst die Positionen dieser Partei übernehmen zu müssen.**[72]

Blickt man angesichts hiervon auf die eingangs gegebene Gegenüberstellung der Positionen Czichons und Neebes, so zeigt sich, dass Neebes Position zurückzuweisen ist und jene Czichons dahingehend differenzierter zu gestalten ist, dass die Industrie zwar dem Nationalsozialismus die „Schleusen" öffnet, wiewohl ohne dessen Position einnehmen zu müssen. Czichon hätte also differenzierter argumentieren müssen, aufgreifend, dass die Industrie im Stadium der zweiten Ausprägung auf eine autoritäre Regierung abzielt, wovon die Kooperation mit der NSDAP – also faschistischem Denken – eine spezielle Ausgestaltung ist.

7.4 Ethnopluralismus, Extremismus der Mitte usw. als Instrumente marktgesellschaftlicher Ambitionen im Sinne der ersten Ausprägung

Noch in einer zweiten Hinsicht muss die Position Czichons und Dimitroffs modifiziert werden. Sie betrifft die *unmittelbare* Verknüpfung monopolkapitalistischen Denkens mit faschistischem Denken. Diese Unmittelbarkeit ist in Rücksicht auf *Universali-*

---

72 Natürlich müssen die Protagonisten der zweiten Ausprägung darauf achten, dass die Maske kein alles beherrschendes Eigenleben zu führen beginnt. Insofern muss sie deren Aktivitäten auch zügeln, was von manchen Autoren dahingehend ausgelegt worden ist, dass die Industrie den Nationalsozialismus zu zähmen versucht hat.

tät von Person-Sein zurückzuweisen, da, wie dargelegt, *jedes Ich, entscheidet es sich gegen das Übersteigen-Sollen*, Affinität zur dritten Ausprägung aufbauen kann. Der Nationalsozialismus ist lediglich eine Form faschistischen Denkens und zweifellos eine solche, die in unmittelbarer Verflechtung mit wirtschaftlichen Ambitionen gemäß der zweiten Ausprägung zu begreifen ist. Betrachtet man aber faschistisches Denken über die Grenzen des Nationalsozialismus hinaus, so spricht zumindest zunächst nichts dafür, die Betrachtung dieser Verflechtung beizubehalten. B e i z u b e h a l t e n ist die Einsicht in den Umstand, ein *marktgesellschaftliches* D e n k e n z u b e t r a c h t e n .

Im Sinne hiervon ist davon zu sprechen, dass in einer von der ersten Ausprägung dominierten Gesellschaft selbige von Strukturen beherrscht wird, die einem um sein personales Bedürfnis bemühten Ich suggerieren, eine Lösung akzeptieren zu sollen, die tatsächlich nur eine *Scheinlösung* ist. Erlangt ein solches Ich Einsicht in sein Dilemma, ohne zugleich den tatsächlichen Weg aus diesem herauszufinden (Übersteigen-Sollen), so kann es zu einer Strategie der Befriedigung der idolisierten Hybris greifen, die eine *Abkehr* von der Ausrichtung auf rationales Denken beinhaltet: Es kann zu der Überzeugung gelangen, dass dieser falsche Weg der Idolisierung der Hybris es zum Verlierer hat werden lassen.

Das kann also auch auf Personen zutreffen, die in rein ökonomischer Hinsicht gar nicht Verlierer sind, sehr wohl aber die Entfremdung von sich als Person erleben, die sich aus der marktgesellschaftlichen Ausblendung von Person (personales Bedürfnis) ergibt.

Wie dem auch immer ist, für diese Menschen – ihre Entscheidung *gegen* das Übersteigen-Sollen vorausgesetzt – kann in einer von der ersten Ausprägung bestimmten Gesellschaft die Maske in ihrer schwachen Form ihre Wirkung verfehlen, da sie sich also *grundsätzlich* von einer rationalen Argumentation abwenden. In diesem Sinne können sie abseits wirtschaftlicher Ambitionen einen Zugang zur dritten Ausprägung finden. Dieserart können sie aber – in Analogie zur Konstellation *starke Maske & zweite Aus-*

prägung – Gewinnern der ersten Ausprägung Schleusen öffnen, die sie zur zweiten Ausprägung vordringen lassen.

Wovon hier die Rede ist, das gewinnt gerade in der Gegenwart an Bedeutung, z. B. in Gestalt des *Ethnopluralismus*, des *völkischen Nationalismus* usw. Diesen Positionen ist zunächst gemeinsam, das *Wir* im Sinne der Gleichwürdigkeit aller Menschen aufzulösen und eine bestimmte Gruppe von Menschen (der man selbst angehört) als unmittelbar und eigentlich zu beachtende Konkretisierung von *Wir* verstehend. Von dieser Gruppe sind all jene, die nicht *diesem* Wir angehören, als die *Anderen* bzw. *Fremden* ausgegrenzt.

Die Umgrenzung des *dieserart* hervorgehobenen Wir geschieht und kann nur geschehen (Ablehnung von Übersteigen-Sollen!) anhand *weltlicher* Kriterien: Volk und Ethnie. Biologische Motive – blutsmäßige und genetische Rassenzugehörigkeit –, wie sie im Nationalsozialismus auftreten, finden (mehr oder weniger) keine Beachtung. Das ist natürlich auch einem taktischen Denken geschuldet, da, wer eine solche Position vertritt und sich nicht gegenüber dem Nationalsozialismus abzugrenzen versteht, rechtliche Konsequenzen in Betracht ziehen muss.

Legt man hieran die Logik der gebrachten Ausführungen zur Bedeutung von Übersteigen-Sollen und den drei Ausprägungen im Falle der Zurückweisung hiervon an, so ist zu diesen Positionen festzuhalten: Selbstverständlich stehen völkischer Nationalismus usw. in Beziehung zu faschistisch-nationalsozialistischem Denken (= verschiedene Ausgestaltungen der dritten Ausprägung). Aber gerade indem sie diesem nicht völlig deckungsgleich sind, können sie eine Strahlkraft in Richtung der „Verlierer" im zuvor dargestellten weiteren Sinn entwickeln, den *Extremismus der Mitte*[73] provozierend. Dieser kann also für Menschen Attraktivität erlangen, die sich explizit nicht dem rechten ideologischen Rand zuwenden wollen, zugleich aber in einer *Wir-Fremde-Dichotomie* die Möglichkeit dafür sehen, der Hilflosigkeit im Um-

---

73 Siehe Beiträge in Jäger, S., Kretschmer, D. & G. Cleve o. J.: *Der Spuk ist nicht vorbei* – Duisburg

gang mit der Befriedigung des eigenen personalen Bedürfnisses eine mit Konturen ausgestattete Lösung anzubieten.

Da sich, wovon hier die Rede ist, in einer marktgesellschaftlichen Situation zuträgt, wird sich zumindest für viele Vertreter der *Mitte* das personale Problem zugleich in seiner weltlichen Gestalt, also der Frage nach der ökonomischen Sicherheit, darstellen. Somit schließt sich der Kreis, wenn hinzugefügt wird, dass aus der Perspektive der ökonomischen „Sieger" der Extremismus der Mitte instrumentalisierbar ist, den Aufbau eines Feindbildes ermöglichend, das von den die Beachtung der Personalität (Entfremdung!) und Gleichwürdigkeit der Menschen missachtenden Eliten der Marktgesellschaft ablenkt bzw. den Fokus auf die *Fremden* lenkt. Der Extremismus der Mitte wird so zum Ausdruck einer gefährlichen Hilflosigkeit.

Oben ist angemerkt worden: „Wovon hier die Rede ist, das gewinnt gerade in der Gegenwart an Bedeutung." An und für sich Neues tritt „in der Gegenwart" aber nicht auf. Für die Situation in Deutschland ist hierzu in einem Artikel von Kunz[74] zu lesen:

„Nimmt man die 80er und den damaligen Migrationsdiskurs etwas genauer in den Blick, lassen sich bemerkenswerte Parallelen hinsichtlich der heute vorfindbaren Topoi und Diskursfiguren erkennen. Im Folgenden werden anhand kurzer Auszüge aus zwei Artikeln des Nachrichtenmagazins *Der Spiegel* (Ausgabe 18/1982) einzelne Aspekte explorativ und kursorisch angerissen. | Unter der Überschrift ‚Ausländer: *Das Volk hat es satt*' berichtete *Der Spiegel* über verbreitete Positionen der deutschen Wohnbevölkerung zu AusländerInnen: ‚Rechte *Bürgerinitiativen für Ausländerstopp* bereiten Volksbegehren vor [...]. Sozialdemokraten befürchten Stimmenverluste und fordern eine Trendwende zum Realismus im Umgang mit Gastarbeitern und Asylwerbern. [...]' Es wird deutlich, dass auch in den 80ern jenes o. g. Schielen auf den *rechten Rand* und drohende Stimmenverluste die

---

74 Kunz, T. 2019: „*An allem sind die Ausländer schuld ...*" *Rechtspopulistische Kontinuität und Brüche aktueller Fremdheitsbilder* – DISS-Journal 37: 2–5

Reaktion von Regierungsparteien und PolitikerInnen bestimmten und eine Rechtsverschiebung des Diskurses, inkl. der daraus abgeleiteten Forderungen, beobachtbar war: […] | Auch schon damals, d. h. fast drei Jahrzehnte vor den auflagensteigernden Menetekeln Sarrazins & Co., wurden ähnliche Forderungen artikuliert, die im Kern eine ethnisch-völkische Homogenität der deutschen Wohnbevölkerung beschworen." (S. 4)

Die hiermit angesprochene historische Dimension soll in dem vorliegenden Buch auf *Universalität von Person-Sein* bezogen werden. Angesichts hiervon ist zu betonen, dass alle drei Ausprägungen Kristallisationen innerhalb eines Spektrums sind; die dritte Ausprägung – gleichgültig in welcher konkreten Gestalt – ist hierbei nicht nur an und für sich als Problem auszumachen, sondern – um nichts weniger – in ihrer Funktion als Maske, was jene in den Fokus bringt, die sich dieser Maske bedienen. **Unterlässt man die Beachtung hiervon, so beteiligt man sich zumindest nicht substanziell an der Lösung des Problems.**

8 Zur politischen Kultur der im Mai 2019 abgesetzten österreichischen Bundesregierung und das irritierende Verhalten des Bundespräsidenten

Im Mai 2019 ist erstmals in Österreich eine Bundesregierung abgesetzt worden. Das anstehende Kapitel versucht die politische Kultur darzulegen, im Rahmen derer es zu diesem Schritt gekommen ist und dessen Gestaltung geprägt hat. Bundespräsident Van der Bellen ist Teil dieser politischen Kultur.

Zu Beginn des Buches ist die irritieren müssende Aussage des Bundespräsidenten zu einem seiner Lebensbücher Thema gewesen. Insbesondere muss sie irritieren, als man Nietzsches *Also sprach Zarathustra* nicht als Lebensbuch eines Politikers erwartet, dessen Wahl zum Bundespräsidenten nicht zuletzt unter dem Aspekt gestanden ist, ein Zeichen gegen den Rechtsruck in der Gesellschaft setzen zu wollen.

In den Kapiteln 3 bis 6 ist die Verflechtung von rechtem bis rechtsextremen Denken mit primär an der Wirtschaft ausgerichtetem Denken gezeigt worden. Als ein Symptom hiervon hat sich der „zärtliche Umgang" mit Nietzsche erwiesen. Die aus der Philosophie hergeleiteten Inhalte (7. Kapitel) haben das Bild hiervon auf ein Fundament gestellt und konkretisiert. Im Lichte hiervon soll nun die Frage aufgeworfen werden, ob die von Van der Bellen in Rücksicht auf Nietzsche ausgehende Irritation ihrerseits Symptom für eine insgesamt irritieren müssende politische Kultur (nicht nur) in Österreich ist.

In diesem Zusammenhang kann als zentrale Aussage des vorangegangenen Kapitels die Einsicht in den Umstand gewertet werden, nicht schon gegen einen Rechtsruck aufzutreten, wenn explizit rechte Vorstellungen zurückgewiesen werden, sondern erst dann, wenn zugleich und vor allem gegen jenes Denken aufgetreten wird, das zumindest potenziell Affinität zu derartigen Inhalten aufweist, sodass es dazu bereit sein kann, selbiges im Sinne einer Maske zu instrumentalisieren. W i r d   d i e s e s   D e n k e n , also marktgesellschaftliches Denken, nicht als Problem erkannt und angesprochen, so muss das Anliegen, gegen den Rechtsruck vorzugehen, zumindest Torso bleiben.

In diesem Sinne soll gezeigt werden, dass, betrachtet man besagte Irritation genauer, tatsächlich von einem solchen Torso zu sprechen ist, nicht alleine in Rücksicht auf das Vorgehen des Bundespräsidenten, sondern in Rücksicht auf die aktuelle politische Kultur allgemein.

8.1 Die ÖVP/FPÖ-Regierung 2017–2019 und ihre problematische Beziehung zum Extremismus der Mitte

Um dem soeben dargestellten Ziel des anstehenden Kapitels näher kommen zu können, sind zunächst einige Überlegungen zur Bundesregierung 2017–2019 angebracht.

Im Regierungsprogramm 2017–2022 *Zusammen. Für unser Österreich* ist in der Präambel zu lesen:

„Auch wenn Österreich grundsätzlich gut dasteht, haben wir in manchen Bereichen den Anschluss an die Spitze in Europa verloren. Wir können uns auf ein starkes Sozialsystem verlassen, das aber nicht mehr treffsicher und effizient ist. Wir haben einen guten Wirtschaftsstandort, der aber im Vergleich mit unseren Nachbarn nicht mehr wettbewerbsfähig genug ist. Und wir leben in einer freien und solidarischen Gesellschaft, die aber immer mehr herausgefordert ist durch die Verfehlungen in der Migrationspolitik in den vergangenen Jahren."

Knapp hierauf folgt: „Mit unserer Politik fördern wir unternehmerische Initiative, belohnen die Fleißigen und sichern einen sozialen Ausgleich unter allen Gesellschaftsschichten. Wir setzen uns als Ziel, die Steuer- und Abgabenlast nachhaltig zu senken und mittelfristig keine neuen Schulden mehr zu machen Wir schützen unseren Sozialstaat vor Missbrauch und werden die illegale Migration nach Österreich stoppen."

Österreich hat also, so die Behauptung, „in manchen Bereichen" „den Anschluss an die Spitze in Europa verloren". Das besagt natürlich: Wird der bisherigen Entwicklung nicht gegengesteuert, so treten ernsthafte Probleme auf. Insofern dieses Gegensteuern *begonnen* werden muss, bringt das Regierungsprogramm einen gesellschaftlichen Neubeginn zum Ausdruck! Zwei Bereiche werden insbesondere hervorgehoben: einerseits der nicht mehr (voll) konkurrenzfähige Wirtschaftsstandort *Österreich* und andererseits das ineffizient und mit dem Migrationsproblem überforderte Sozialsystem.

Wovon hier die Rede ist, das kann man auch wie folgt lesen:

Es wird ein (partieller) Neuanfang (Palingenese!) eingefordert, der, im Kleide der Besorgnis um das Wohl der Bevölkerung, die Wirtschaftseliten protegiert mittels einer Verschärfung der marktgesellschaftlichen Ausrichtung im Sinne einer Ausrichtung auf die zweite Ausprägung. Maskiert wird diese Vorgehensweise u. a. durch die Darbietung des „Migrationsproblems", eine Darbietung im Sinne der *Wir-Fremde*-Ideologie.

Lässt sich diese Leseweise untermauern?

Um diese Frage beantworten zu können, sei zunächst aus dem Abschnitt *Unsere Prinzipien* in Regierungsprogramm 2017–2022 zitiert:

„*Verantwortung*: […] Es liegt auch in der individuellen Verantwortung des Einzelnen, sich für ein harmonisches Zusammenleben in unserer Gesellschaft einzusetzen und gegen jeden Versuch einer Diskriminierung oder Spaltung entschlossen aufzutreten."

„*Heimat:* Wir wollen unsere Heimat Österreich als lebenswertes Land mit all seinen kulturellen Vorzügen bewahren. Dazu gehört auch, selbst zu entscheiden, wer als Zuwanderer bei uns leben darf, und illegale Migration zu beenden."

„*Subsidiarität*: Subsidiarität bedeutet Vorrang für Eigenverantwortung und die kleinere Einheit. Sie fördert lebensnahe Lösungen und entlastet übergeordnete Gemeinschaften sowie den Staat. Subsidiarität ist ein Schlüsselwert im gemeinsamen Europa. Sie ist auch Garant gegen zentralistische Tendenzen in der Europäischen Union."

Zum Prinzip *Verantwortung* gehört also, so erfährt man, gegen Diskriminierung und Spaltung der Gesellschaft zu sein. Wer in den Genuss hiervon kommen soll, wer also der dieserart als Einheit begriffenen Gesellschaft angehört, das erhellt die Ausführung zum Prinzip *Heimat*. Was dieserart erhellt, das ist u n u m g ä n g l i c h in seiner Beziehung zum Ethnopluralismus zu begreifen. Folgende Aussage im Kapitel *Innere Sicherheit* verdeutlicht diesen Umstand:

„Dafür muss die illegale Migration in unser Land gestoppt und qualifizierte Zuwanderung am Bedarf Österreichs ausgerichtet werden." (S. 29)

Österreich – wer auch immer konkret – sucht also aus, welcher Migranten es bedarf, und schickt diejenigen, derer nicht bedurft wird, weg – vielleicht in den Tod. Das ist beschämend, umso mehr als wenige Zeilen vor dem soeben zitierten Inhalt zu lesen ist:

„Ziel ist ein geordnetes und friedliches Zusammenleben aller Menschen in unserem Land. Unsere demokratischen Werte sowie die Grundsätze der Aufklärung und der allgemeinen Menschen- und Bürgerrechte, die Österreich und das heutige Europa geformt haben, bilden dafür das feste, gemeinsame Fundament."

Hieraus soll zunächst der Verweis auf die Aufklärung herausgegriffen werden. Zu Aufklärung im Sinne von *Thematisierung des So-Seins von Welt und Gesellschaft* – was *Gleichwürdigkeit der Menschen* umfasst! – steht das Regierungsprogramm a u f j e d e n F a l l i n D i s t a n z. Das zeigt sich bereits an jenen Ausführungen, die es in die Nähe zum Ethnopluralismus bringen. Zudem sei an die gebrachten Ausführungen zu Griffins Verwendung des Begriffs *Aufklärung* erinnert: Ist dieser Begriff, wie er von einem marktgesellschaftlichen Denken abseits der Verwendung einer Maske verwendet wird, bereits grundsätzlich problematisch, so verstärkt sich diese Problematik nun eben durch die Vermengung seiner Verwendung mit Inhalten im Sinne des Ethnopluralismus!

Angesichts hiervon sei in den Februar 2016 zurückgeblickt. Im *Kurier* vom 07. 02. 2016 ist zu lesen:

„Als Sebastian Kurz im Juni des Vorjahres im *Kurier* laut darüber nachdachte, ob EU-Ausländer herzulande auch dann Sozialleistungen bekommen sollen, wenn sie wenig oder gar nichts ins heimische Sozialversicherungssystem eingezahlt haben, wurde der ÖVP-Außenminister dafür heftig gescholten. [...] Seit wenigen Tagen scheint es allerdings, als würde die EU-Spitze die Wünsche des ÖVP-Ministers demnächst erfüllen. [...] ‚Wer nichts ins System eingezahlt hat, der bekommt weniger oder gar keine Sozialhilfe. Zu diesem Prinzip sollten wir uns bekennen, wenn wir wollen, dass unser Sozialstaat finanzierbar und für Leistungsträger attraktiv bleibt', sagt Kurz [...]" (S. 2)

Die hier zum Ausdruck kommende Logik überrascht: Wird hier Migranten nahegelegt, vor der Flucht aus ihrem Land jahrelang in das österreichische Sozialsystem einzuzahlen bzw. die Flucht so lange aufzuschieben, bis ein entsprechender – wie auch immer bezahlter – Betrag in Österreich angekommen ist? Um dergleichen Fragen – Skurrilitäten – erst gar nicht aufkommen zu lassen, wird der Klassiker bemüht: *drohende Unfinanzierbarkeit des Sozialsystems.*

Den „Fleißigen" im Lande werden also die Migranten als Bedrohung für das Sozialsystem vorgeführt und zugleich (z.B.) die Frage, wieso internationale Großkonzerne – nicht nur – in Österreich beinahe „steuerbefreit" sind, was ja auch mit der Robustheit des Sozialsystems verbunden ist, mehr oder weniger ausgeklammert.

Trotzdem erweckt das Argument *drohende Gefährdung des Sozialsystems* den Anschein einer auf rationaler Ebene angesiedelten Betrachtung. Um diesen Schein sind auch Argumente bemüht, die darauf verweisen, dass mit den Migranten Kriminalität, Terror usw. importiert werde.

Komplizierter wird es, das Argument *Islamisierung* mit dem Anschein rationaler Argumentation in Verbindung zu bringen. Dieses Argument wird in einer Art und Weise gehandhabt, dass der Verdacht im Raum stehen muss, hier eine Argumentation im Sinne des Ethnopluralismus vorgesetzt zu bekommen: Es sei die eigene *Heimat*, die vor der Verfremdung – Islamisierung – geschützt werden solle. Diese Heimat wird als Kristallisation von

Werten verstanden, die der islamisch geprägten Kultur überlegen sind und daher nicht gefährdet werden dürfen.

Kurz, ein Repräsentant der gefährdet sein sollenden Gesellschaft, findet, wie zitiert, zu dem Satz: „Wer nichts ins System eingezahlt hat, der bekommt weniger oder gar keine Sozialhilfe." Kann dieser Satz tatsächlich Ausdruck einer Gesinnung sein, der die Beachtung der Menschenwürde ein Anliegen ist? Dieser Satz, der die Situation der Flüchtlinge vollständig unbeachtet lässt, schafft lediglich ein Feindbild: Wer nichts eingezahlt hat, dem steht auch kein Anspruch auf Hilfe zu, und wer sich nicht an dieses „Prinzip" hält, der erweist sich als Feind der heimischen Gesellschaft der Fleißigen.

Im Regierungsprogramm 2017–2022 heißt es im Anschluss an die Anprangerung der illegalen Migration gönnerhaft:

„Zudem sind wir bereit, jenen Menschen, die unsere Hilfe wirklich brauchen, im Wege des Asyls Schutz für die Dauer ihrer Verfolgung zu bieten." (S. 29)

Das ist eine mehr als vage Differenzierung des zuvor betrachteten Satzes des ehemaligen Außenministers Kurz.

Die vorangegangenen Ausführungen legen nahe, das Hochschaukeln der Migrationsthematik, zu deren treibenden Kräften der Kanzler der Regierung 2017–2019 also gehört hat (vgl. obiges *Kurier*-Zitat), als eine S t ä r k u n g des Extremismus der Mitte begreifen zu können: Gemäß den gebrachten philosophischen Ausführungen zur dritten Ausprägung kann dieser Schritt entweder als ein solcher verstanden werden, der ein reduktionistisches Menschen- und Gesellschaftsbild aufgrund des Scheiterns an der Befriedigung des personalen Bedürfnisses akzeptiert. Oder aber dieser Schritt bedeutet, dass sich eine Maske aufgesetzt wird, von Personen, denen die Unsinnigkeit des irrationalen Feindbildes Migranten zwar bekannt ist, die sich aber, hiervon unbeeindruckt, die Maske aufsetzen, um marktgesellschaftliche Eliten in ihrem Bemühen um die Befriedigung ihrer Hybris über das bereits gegebene Maß hinaus bedienen zu können.

Wovon hier die Rede ist, das müsste sich untermauern lassen, wenn sich im Wirtschaftsteil des Regierungsprogramms 2017–

2022 eine zunehmende Ausrichtung auf die zweite Ausprägung marktgesellschaftlichen Denkens finden lässt.

Zur Einstimmung hierauf sei ein längeres Zitat aus dem Buch *Die sieben Todsünden der EU*[75] von Reimon und Weixler angeführt. Es verdeutlicht eindrucksvoll – obwohl bereits 2006 veröffentlicht – das Wertesystem der soeben betrachteten „Heimatverteidiger" und lässt deren Verhältnis zu den Migranten – nicht zuletzt den insbesondere angegriffenen „Wirtschaftsmigranten" – in einem anderen, r e a l i s t i s c h e n Licht erscheinen:

„Unterm Strich, zu diesem Schluss kommt ActionAid [in einer Studie zur Entwicklungsfinanzierung 2005], sind gerade mal 39 Prozent (oder 27 Milliarden Euro) der offiziellen Entwicklungshilfegelder ‚echte Hilfe'. 61 Prozent sind ‚Phantomhilfe', sie verpuffen nutzlos oder kommen westlichen Unternehmen zu Gute. Allerdings gibt es riesige Unterschiede zwischen den einzelnen Spenderländern, auch innerhalb der [Europäischen] Union. So kommen die effizientesten ebenso wie das ineffizienteste Spenderland aus der Union. | In Irland beträgt der Anteil der Phantom-Hilfe 13 Prozent, in Luxemburg 19 Prozent. Schlecht beurteilt ActionAid die Hilfe aus Deutschland (Phantom-Anteil 65 Prozent) und Österreich (67 Prozent). [...] | Die EU konzentriert ihre Hilfe nicht auf die ärmsten Länder, wo die Armut am größten ist. Drei Viertel der EU-Entwicklungshilfe gehen an Schwellenländer, unter den zehn wichtigsten Empfänger-Nationen findet sich kein einziges afrikanisches Land südlich der Sahara. | Dem gegenüberstellen muss man, was an Geld aus den Ländern der Dritten Welt in den Westen fließt: Schuldenrückzahlungen, Dividenden von Auslandsinvestments etc. Im Jahr 2003 betrug der Nettogeldtransfer 210 Milliarden Dollar – vom Süden in den Norden. D i e E n t w i c k l u n g s l ä n d e r s i n d i n d e r g l o b a l i s i e r t e n W e l t w i r t s c h a f t a l s o N e t t o z a h l e r . Ein nicht geringer Anteil des westlichen Wohlstandes beruht auf diesen Transfers, die ja seit den Kolonialzeiten andau-

---

75 Reimon, M. & H. Weixler 2006: *Die sieben Todsünden der EU* – Wien

ern. [...] | Vor diesem Hintergrund muss man auch die Anstrengungen der EU verurteilen, um teures Geld eine Festung Europa zu schaffen, aus der Wirtschaftsflüchtlinge ‚draußen' gehalten werden sollen. Die Migrationsströme aus Asien und Afrika folgen den Geldströmen." (S. 148f.; Hervorhebungen hinzugefügt)

Würden also die Eliten der Marktgesellschaft und ihre Helfer – z. B. Politiker – um eine *tatsächlich* rationale Argumentation bemüht sein, angesichts hiervon bedürfte es mehr als eines wahrhaften Geniestreichs, sich fortgesetzt als jene ausgeben zu können, die Wertmaßstäbe vorgeben dürfen.

Wenig genial, dafür aber umso effizienter ist es, sich die Maske *dritte Ausprägung* vorzuhalten. Dies gilt umso mehr, als besagte Personengruppe im Sinne der fortgesetzten Befriedigung ihrer Hybris nicht daran denkt, ihr marktgesellschaftliches Denken aufzugeben, sondern – im Gegenteil –, wo sich die Gelegenheit bietet, in Richtung zweite Ausprägung vorzudringen.

Was also hat es angesichts hiervon mit dem Wirtschaftsteil des Regierungsprogramms 2017–2022 auf sich? Heben wir einige Sätze aus dem Abschnitt *Wirtschaftsstandort und Entbürokratisierung* hervor:

„Die österreichischen Kleinst-, Klein- und Mittelbetriebe samt den großen Leitbetrieben sind Hauptträger der Beschäftigung und Nährboden für Innovation. Sie sind sich ihrer sozialen Verantwortung bewusst und nehmen eine entscheidende Ausbildungsfunktion wahr." (S. 132)

„Unternehmen setzen Wachstums-, Beschäftigungs- und Innovationsimpulse und sind die zentrale Determinante der langfristigen Wettbewerbsfähigkeit. Unternehmen genieren Investitionen, Forschung, technologischen Wandel und Innovation und tragen darüber hinaus über internationalen Handel zu Wachstum und Wohlstand einer Volkswirtschaft bei." (S. 132)

„Dabei gilt es vor allem, das Potenzial der Internationalisierung der heimischen Unternehmen auszubauen." (S. 132)

„Wir wollen unternehmerisches Engagement auf allen Ebenen unterstützen – und daher Verwaltung und Bürokratie reduzieren, aber auch Arbeitszeitregelungen für Betriebe und Beschäftigte praxisgerecht gestalten." (S. 132)

„Hinzu kommt, dass Unternehmen und Arbeitnehmerinnen und Arbeitnehmer gemeinsam und partnerschaftlich vielfach viel flexibler agieren wollen, als sie es aufgrund starrer gesetzlicher Regelungen derzeit können." (S. 138)

Was fällt hieran auf? Das gesellschaftliche Wohl, so wird suggeriert, *ruht auf den Schultern der Wirtschaft* und *diese ist sich ihrer Aufgabe und Verantwortung bewusst*. Nachkommen könne sie ihrer Verantwortung aber nur, wenn ihr keine „Steine vor die Füße geworfen" werden: Regulierungen und bürokratische, praxisferne Vorschriften. Letztlich, so wird man weiters unterrichtet, sei das nicht nur der Wunsch der Unternehmerseite, *sondern auch der ArbeitnehmerInnen*. Das inkludiert, dass zwischen Arbeitgeber- und Arbeitnehmerseite grundsätzlich Konsens gegeben sein soll („gemeinsam und partnerschaftlich" heißt es im Regierungsprogramm). Hierin ist auch inkludiert: Gewerkschaften und Arbeiterkammer werden in den Hintergrund gerückt. **Das bedeutet auch ein Abrücken von der sozialpartnerschaftlichen Tradition bzw. zumindest den Versuch der Etablierung einer entsprechenden neuen politischen Kultur.**

Dieses Abrücken bedeutet zugleich die *Hinwendung* zur Vorstellung von der Omnipotenz des Marktes, zur Vorstellung, dass der Markt sein Wohlstand gerierendes Potenzial nur entfalten könne, wenn er sich selbst überlassen werde. Es ist dies eine klassisch marktgesellschaftliche Vorstellung, die zwar in Österreich immer schon ihre Protagonisten in Politik und Wirtschaft hatte, **aber wohl noch nie so explizit in einem Regierungsprogramm aufgetreten ist.**

Was hier im Sinne des orthodox marktgesellschaftlichen Denkens im Regierungsprogramm auftritt, das ist, wie die philosophische Betrachtung ergeben hat, reduktionistisch und letztlich nicht rechtfertigbar.[76] Das lässt vermuten, dass die Autoren

---

76 Vgl. zudem Senz, W. 2012a (siehe Fußnote 15).

des Regierungsprogramms die Möglichkeit gesehen haben, die Aufmerksamkeit der Bevölkerung hiervon ablenken zu müssen.

Worauf hiermit abgezielt ist, das lässt sich anhand der Diskussion um den 12-Stunden-Arbeitstg verdeutlichen. Im *Kurier* vom 01. 07. 2018 ist zu lesen:

„Zwar spricht sich laut Kurier-Umfrage eine knappe Mehrheit (49 Prozent) gegen die Arbeitszeitflexibilisierung aus – ebenso viele gehen allerdings auch davon aus, dass der traditionelle 8-Stunden-Tag ob der neuen Arbeitswelten bald der Vergangenheit angehören wird."

Angesichts hiervon sei eines der zuvor bereits gegebenen Zitate aus dem Regierungsprogramm wiederholt:

„Hinzu kommt, dass Unternehmen und Arbeitnehmerinnen und Arbeitnehmer gemeinsam und partnerschaftlich vielfach viel flexibler agieren wollen, als sie es aufgrund starrer gesetzlicher Regelungen derzeit können."

„Vielfach", wie es im Regierungsprogramm heißt, erfährt durch die Umfrage eine – entgegenkommend formuliert – drastische Relativierung. Offensichtlich ist es den Eliten der Marktgesellschaft – nicht erst den Autoren des Regierungsprogramms 2017–2022 – gelungen, der Ausrichtung auf die Marktmechanik Anerkennung zu verschaffen, auch wenn diese fernab davon ist, die Gleichheit und Gleichwürdigkeit der Menschen zu beachten.

Hier wird also eine rational gestaltete Maske verwendet: Die „neue Arbeitswelt", worunter nichts anderes als eine Verschärfung marktgesellschaftlicher Bedingungen zu verstehen ist, wird auch von jenen anerkannt, die gar nicht zu den Gewinnern dieser Verschärfung gehören. D i e   M a s k e   f u n k t i o n i e r t .

Tatsächlich kommt diese Maske aber nicht ohne Elemente aus, denen keineswegs nachgesagt werden kann, rational geprägt zu sein. Ein Beispiel hierfür gibt der Finanzminister der ÖVP/FPÖ-Regierung Löger (ÖVP) in einem Interview mit der Zeitung *Standard* (07./08. 07. 2018):

„Wenn ich meiner Frau eine Handtasche zum Geburtstag kaufe, soll sie dann Schenkungssteuer zahlen? *Wo fangen wir an, wo hören wir auf?*" (Hervorhebung hinzugefügt)

Das ist zweifellos kein ernst zu nehmender Umgang mit der Schenkungssteuer-Thematik; das ist Diskussionsverweigerung: Hier wird kein rationaler Umgang mit einem Thema geboten!

Tatsächlich gehen die Protagonisten der Marktgesellschaft mit derartigen Argumenten doch ein gewisses Risiko ein: Nehmen sie für sich in Anspruch, „wo fangen wir an, wo hören wir auf?" für die Antwort auf ein Problem ausgeben zu dürfen, so können jene, die nicht zu den Gewinnern der Marktgesellschaft gehören, auf den Gedanken kommen, selbiges Argument *für sich* in Anspruch zu nehmen: „Wo fangen wir an, wo hören wir auf *mit der Modernisierung der Arbeitswelt?*", selbige ad acta legend.[77]

Hierin liegt: Die Protagonisten der Marktgesellschaft im Sinne der ersten und – vermehrt – der zweiten Ausprägung müssen beachten, ihre Ausrichtung auf Rationalität *nicht so weit zu treiben*, dass die Nichtrechtfertigbarkeit ihres Ansatzes *evident wird*. Hierzu müssen sie gegebenenfalls von rationaler Argumentation Abstand nehmen und sich einer Maske bedienen. In ihrer schwachen Form wird diese Maske zwar kaum das Da-Sein einer mystischen Welt vorgaukeln, kann aber bereits – u. a. – von Wesen berichten, die

---

77 In diesem Zusammenhang darf auch die *Opferbereitschaft* der Protagonisten der Marktgesellschaft nicht übersehen werden. Lampert & Kroll halten in GBE Kompakt Robert Koch Institut (5/2010) für Deutschland fest:
„Für den Zeitraum 1995 bis 2005 konnte auf Basis dieser Daten gezeigt werden, dass Frauen und Männer, deren Einkommen unterhalb der Armutsgrenze liegt, ein im Verhältnis zur hohen Einkommensgruppe um das 2,4 bzw. 2,7-Fache erhöhte Mortalitätsrisiko haben. Die mittlere Lebenserwartung bei Geburt liegt bei Frauen aus der Armutsrisikogruppe rund acht Jahre unter der von Frauen aus der hohen Einkommensgruppe. Bei Männern beträgt die Differenz sogar elf Jahre." (S. 2)
Irgendwo habe ich eine „wissenschaftliche" Studie gelesen, die festgestellt haben will, dass von Armut betroffene Menschen nicht aufgrund ihrer Armut eine kürzere Lebenserwartung haben, sondern aufgrund ihres ungesunden Lebensstils. – Das ist bereits Irrationalismus im Kleide von „Wissenschaftlichkeit".

mystischen Wesen näherstehen als realen Wesen. So z. B. der im Regierungsprogramm 2017–2022 wiederholt anzutreffende *Fleißige*.

Wie ist die Rolle dieses Wesens im Regierungsprogramm angelegt? Der *Fleißige* betätigt sich in der „modernen" – und immer moderner werden sollenden – Arbeitswelt, die er akzeptiert und nicht hinterfragt. Der *Fleißige* ist also jemand, der wider sein personales Bedürfnis handelt und in dem gesellschaftlichen Konstrukt, das er nicht hinterfragt, nicht zu den „Siegern" gehört. Das ist kein Mensch, sondern ein mystisches Wesen. Es ist das Ziel der Protagonisten des Regierungsprogramms, die real existierenden Menschen diesem mystischen Wesen immer ähnlicher werden zu lassen; die Menschen sollen – philosophisch gesprochen – das reduktionistische Weltbild, das dieses Wesen repräsentiert, verinnerlichen.

Wer sich diese Maske aufsetzt, der signalisiert potenzielle Bereitschaft, auch eine stärkere Form der Maske zu akzeptieren. Die aktuelle gesellschaftliche Situation muss nur die sein, dass sich die betreffenden Personen durch den Zugriff auf eine stärkere Form der Maske weiter reichende Vorteile für ihre Ambitionen erhoffen, oder aber sich genötigt sehen, diese stärkere Form anderen, die sich ihrer bereits bedienen, aus der Hand zu nehmen, da sie ihnen in Rücksicht auf die gesellschaftliche Akzeptanz zum Problem werden können.

In diesem Zusammenhang ist es wichtig zu beachten, dass die stärkere Form der Maske nicht notwendig aus der zweiten Ausprägung erwächst. Damit ist zum Ausdruck gebracht, dass sie nicht unmittelbar wirtschaftsaffin ist. = Sie orientiert sich nicht unmittelbar an ökonomischer Rationalität. Worauf also „Sieger" der ersten und der zweiten Ausprägung sehr wohl zur Durchsetzung ihrer Ziele zugreifen können, das müssen sie zugleich „unter Kontrolle" halten. Hierauf ist bereits in 7.3 hinzuweisen gewesen, konkret in Beziehung auf den zögerlichen Umgang der Industrie mit der NSDAP.

In Rücksicht auf das Regierungsprogramm 2017–2022 kommt diese Problematik z. B. dergestalt zum Ausdruck, dass die gleichzeitige Ausrichtung einerseits auf Subsidiarität und Heimat und andererseits auf eine sich selbst überlassene Wirtschaft, was ja auch Freihandel usw. umfasst, sehr wohl in einem Spannungsverhältnis zueinanderstehen.

Resümiert man die gebrachten Ausführungen, so zeigt sich: Das Regierungsprogramm 2017–2022 ist Ausdruck des Bemühens, die Gesellschaft in Richtung Ausbau der zweiten Ausprägung zu entwickeln, wofür eine stärkere Form der Maske im Sinne der dritten Ausprägung genutzt wird. Das ergibt in Summe einen Rechtsruck, dessen Fundament aber nicht in der aufgesetzten Maske gegeben ist, sondern in dem Verhalten jener, die diese Maske aufsetzen.[78]

8.2 Die Mai-Regierungskrise 2019 und das Verhalten des Bundespräsidenten

Der vorangegangene Abschnitt soll zunächst gezeigt haben, dass das Regierungsprogramm 2017–2022 von ÖVP und FPÖ einen Rechtsruck in der österreichischen Gesellschaft bedeutet. Sodann soll gezeigt worden sein, dass dieser Rechtsruck auch das Ergebnis davon ist, dass Inhalte im Sinne des Ethnopluralismus, des Extremismus der Mitte usw. von Eliten der zweiten Ausprägung bzw. von marktgesellschaftlichen Eliten, die auf deren Ausbau in der Gesellschaft abzielen, instrumentalisiert worden sind.

Bemerkenswert ist, dass Bundespräsident Alexander Van der Bellen, der diese Regierung angelobt hat, im Rahmen seiner eigenen Wahl zum Bundespräsidenten als Bollwerk *gegen* einen

---

78 Im Rahmen des vorliegenden Buches braucht nicht zu interessieren, wie die Ausrichtungen auf die zweite Ausprägung einerseits und auf die dritte Ausprägung, die von jenen als Maske aufgesetzt wird, andererseits auf ÖVP und FPÖ aufzuteilen sind.

Rechtsruck konturiert worden ist. Die hierin liegende Unstimmigkeit muss auffallen und zur Analyse anregen.

Am Beginn des Buches steht ein Zitat aus der Tageszeitung *Heute* und so soll auch der abschließende Abschnitt des Buches mit einem Zitat aus dieser Zeitung begonnen werden. In einem Artikel vom 10. 07. 2019 antwortet der Bundespräsident auf das Stichwort *Nächste Regierung*:

„Das Programm werde er sich jedenfalls ‚genauer anschauen, das habe ich von der letzten Regierungsbildung gelernt'."

Das entscheidende Wort hieran ist „genauer"! Dieser Begriff lässt sich auf zwei Weisen deuten: 1. Das Regierungsprogramm wird, insbesondere wenn erneut eine Beteiligung von ÖVP und/oder FPÖ auftritt, „genauer" auf das Auftreten von Inhalten im Sinne der dritten Ausprägung durchgesehen. 2. Das Regierungsprogramm wird genauer auf das Vorliegen von Inhalten im Sinne (vor allem) der zweiten Ausprägung durchgesehen, da diese Ausdruck eines Denkens sind, das – nebst der ihr eigenen *Opferbereitschaft* – Affinität zur Instrumentalisierung von Inhalten der dritten Ausprägung in sich trägt.

In anderen Worten: Bedeutet „genauer", dass das Programm alleine auf Inhalte im Sinne des Ethnopluralismus hin durchgesehen wird, oder wird es auch auf Inhalte durchgesehen, die ein Denken verraten, das potenziell Bereitschaft in sich trägt, dergleichen Inhalte als Maske aufzusetzen?

Verbleibt die „genauere Durchsicht" im Rahmen eines bürgerlich-marktgesellschaftlichen Duktus, so ist schwer vorstellbar, dass die zweite Weise Anwendung findet, was das Auftreten eines substanziellen Bollwerks gegen einen Rechtsruck beschädigt. In diesem Fall muss gelten, was bereits – in knappest möglicher Weise – zu Griffin und seinem marktgesellschaftlich konzipierten Faschismus-Verständnis angemerkt worden ist: Die Faschismuskritik entbehrt der Kritik einer der wichtigsten Quellen für die Ausbildung gesellschaftlicher Relevanz des Faschismus.

Endlich sei vorausgeschickt, dass die gebrachten Ausführungen Philosophie zur Basis haben, konkret eine Philosophie, die in Differenz zu marktgesellschaftlichem Denken steht. Trifft es zu, dass der Zugriff auf die Philosophie notwendig ist, um das anstehende Problem in seinem vollen Umfang sehen zu können, so ist Van der Bellens Beziehung zu dem Philosophen Nietzsche – konkret seinem *Also sprach Zarathustra* – als Signal zu werten, dass keine gewinnbringend sein könnende Beziehung zur Philosophie vorliegt.

Die Regierungskrise im Mai 2019 bietet die Möglichkeit, dieser Thematik nachgehen zu können.

★★★

Mitte Mai 2019 ist der Öffentlichkeit ein Video („Ibiza-Video") bekannt geworden, in dessen Mittelpunkt der damalige Vizekanzler Österreichs Strache (FPÖ) steht.[79] Dieser, von der Aufnahme nichts wissend, bringt implizit sein Demokratieverständnis zum Ausdruck: Manipulation der Presse, Großspenden an die eigene Partei über Vereine, die nach außen hin nicht die Partei repräsentieren usw. Schon am nächsten Tag ist Strache von seiner Funktion als Vizekanzler der Republik Österreich zurückgetreten. Dieser Schritt reichte freilich nicht aus, um die Bundesregierung – eine ÖVP-FPÖ-Koalition – zum Alltag zurückkehren zu lassen. Da die ÖVP nicht länger mit dem seinerzeitigen FPÖ-Innenminister zusammenarbeiten, die FPÖ dessen Absetzung aber nicht hinnehmen wollte, ist sie geschlossen aus der Regierung ausgetreten, was zu einer Regierungsumbildung führte. Mit der neuen Regierung sollte in die für den Herbst angesetzten Neuwahlen gegangen werden. Aber auch diese Regierung musste – nach nur wenigen Tagen – aufgrund eines Misstrauensantrags, eingebracht von der SPÖ, unterstützt von FPÖ und Jetzt, zurücktreten.

Der vorangegangene Absatz ist in einem entscheidenden Punkt schlicht f a l s c h . Dieser Punkt betrifft die Bedeutung, die dem

---

79 Zum Zeitpunkt der Videoaufnahme ist Strache noch nicht Mitglied der Regierung.

„Ibiza-Video" zugeordnet ist; es wird ja als *der* Grund für die Regierungskrise dargestellt. Dass dies nicht uneingeschränkt zutreffen kann, auch wenn es zweifellos unmittelbarer Anlass gewesen ist, lässt sich bereits einer Formulierung des seinerzeitigen Bundeskanzlers Kurz in einer Pressemitteilung entnehmen: „Genug ist genug." Wäre *nur* das Video Anlass für den Beginn der genannten Dynamik, die Formulierung ergäbe schlicht keinen Sinn; sie lässt sich auf keinen Einzelfall beziehen. Kurz sprach in seiner Mitteilung auch an, was *zudem* Ursache für das Zerwürfnis mit dem Koalitionspartner FPÖ gewesen ist: die so genannten „Einzelfälle". Während der Koalition mit der ÖVP sind FPÖ-Politiker immer wieder durch gefährlich rechtslastige Aussagen aufgefallen (mit dem Tiefpunkt: „Rattengedicht"). Eineinhalb Jahre habe er – Kurz – diese „Einzelfälle" „geschluckt", aber in Verbindung mit dem Video sei das Fass übergelaufen: „Genug ist genug."

Somit scheint der Fehler des ersten Absatzes – Überbewertung des Ibiza-Videos – behoben. So einfach verhält sich die Sache aber nicht. Binnen wenigen Tagen ist nämlich das Ibiza-Video vermehrt in das Zentrum der Betrachtung gerückt und die „Einzelfälle", also die Aussagen im Sinne eines Ethnopluralismus, immer mehr in das Dunkel der Nichtbeachtung geraten.

Diese Dynamik gilt es zu beachten. In Rücksicht hierauf sollen weniger die „Einzelfälle" an sich interessieren, sondern primär der Umstand, dass sie der Kanzler – Kurz – „lange Zeit geschluckt" hat.

Was zunächst lediglich nach einem erstaunlich langen Geduldsfaden des Kanzlers aussieht, das lässt sich, blickt man genauer, keinesfalls hiermit erklären. Das wird schnell einsichtig, wenn man beachtet, dass Kurz seinerseits mit Aussagen aufgefallen ist, die, wenn auch nicht explizit rechtslastig, auf eine Art und Weise Menschen diskreditieren, die zumindest nicht in Distanz zu rechtslastigen Aussagen verstanden werden können. In der Regierungsklausur hat Kurz zu folgenden Worten gefunden:

„Ich glaube nicht, dass es eine gute Entwicklung ist, wenn immer weniger Menschen in der Früh aufstehen, um zu arbeiten, und in Wien immer mehr Familien nur mehr die Kinder in der Früh aufstehen, um zur Schule zu gehen."

Im *Kurier* – 20. 01. 2019 – ist zu diesem Thema zu lesen:

„Also wirklich alles nur ‚Tachinierer, Owezahrer und Sozialschmarotzer in der Bundeshauptstadt', die das System ausnutzen, sich vom Staat durchtragen lassen und auf die eigene Verantwortung pfeifen? [...] Den größten Anteil der Bezieher stellen Kinder dar. Mehr als ein Drittel war unter 19 Jahre alt. [...] Experten sagen jedenfalls: ‚Mindestsicherungsbeziehern eine fehlende Bereitschaft zu arbeiten zu unterstellen, basiert auf keiner empirischen Grundlage', sagt Sozialwissenschaftlerin Laura Wiesböck. ‚2017 erhielten 71 Prozent der Bezieher bundesweit eine Aufstockung für niedriges Einkommen, Vollbezieher waren in der Minderzahl. Das Problem heißt Einkommensarmut.'"

Diese Argumentation ist freilich nicht, woran Kurz interessiert ist. Wie in 8.1 zu zeigen versucht worden ist, basiert seine Politik auch auf der Verwendung von Feindbildern, in Verknüpfung damit, ihre Figur *der Fleißige* protegieren zu können. Allzu viel rationale Argumentation ist ihr hierbei ein Hindernis: Es bedarf der Maske.[80]

---

80 Dass hier eine Maske von einer Partei aufgesetzt wird, die verschärft marktgesellschaftliche Positionen gesellschaftstragend werden lassen will, ergibt sich auch aus einem *Kurier*-Interview (14. 07. 2019) mit Blümel, dem engsten Vertrauten von Kurz und Kanzleramtsminister der Regierung 2017–2019. In diesem Interview ist zu lesen:
„Es gibt ja Fundamentalisten, die sagen, man könne das Klima nur retten, wenn es ein Ende des Wachstums gibt, man müsse sich damit abfinden, dass es nicht mehr Wohlstand gibt. Die freie Marktwirtschaft ist aber das Fundament, mit der man die soziale und die ökologische Säule finanzieren kann."
Das ist reine, ideologisch motivierte Fiktion, wie sich den Ausführungen im 7. Kapitel und in Senz, W. 2012a (vgl. Fußnote 15) entnehmen lässt. Wer derartige Ansichten in der Gesellschaft etablieren will, dem darf tatsächlich nur sehr bedingt an einer rationalen Argumentation gelegen sein. Auf dieses Interview wird zurückzukommen sein.

Mehr noch: Die Kurz-Politik und die FPÖ-Politik in Hinsicht auf die Asylanten haben während der Zusammenarbeit in der Koalition einander nicht nur entsprochen, der Aufstieg der ÖVP durch das politische „Wunderkind" *Kurz* hat darauf basiert, dass man der FPÖ das „Ausländer"-Thema *weitgehend abgenommen* hat.

Es wäre aber eine fehlleitende Verkürzung, würde man die hierin zum Ausdruck kommenden Probleme in der politischen Kultur Österreichs alleine auf ÖVP und FPÖ beziehen. Eine Erweiterung des Blickfeldes lohnt. In diesem Sinne soll nun auf den von der SPÖ eingebrachten Misstrauensantrag geblickt werden. Der Antrag ist am 27. Mai von der Vorsitzenden der SPÖ Rendi-Wagner eingebracht worden und beginnt wie folgt:

„Herr Bundeskanzler! Sie haben jetzt sehr viel gesagt, aber Sie haben noch nicht gesagt, dass Ihre Bundesregierung gescheitert ist. Sie wissen, dass Sie als Bundeskanzler alleine verantwortlich dafür sind, was die Auswahl Ihrer Minister und Ihres Koalitionspartners betrifft. Es war trotz aller Warnungen der Fall, dass Sie diese Koalition eingegangen sind, und Sie tragen aus unserer Sicht somit auch die Verantwortung für das Scheitern Ihrer Koalitionsregierung und die Verantwortung für die derzeitige Koalition."

Dass Rendi-Wagner in der weiteren Rede auf den Bundeskanzler fokussiert, überrascht nicht. Sehr wohl aber die Art und Weise, wie sie hierbei vorgeht: Der Vorwurf beschränkt sich in etwa auf folgende Inhalte:

„Es ist ungeheuerlich, in einer solchen Situation, die ein Präzedenzfall in der Geschichte der Zweiten Republik ist, Zustimmung und Vertrauen für das einzufordern, was nur Ihren eigenen Wünschen entspricht."

„Sie hingegen, Herr Bundeskanzler, appellieren an Verantwortlichkeit und meinen sich selbst."

„Er [Bundeskanzler Kurz] agiert wie ein Spieler und verwendet als Einsatz der Stabilität Österreichs, um mit seinem riskanten Spiel ausschließlich seine politischen Eigeninteressen zu verfolgen."

Rendi-Wagner entfaltet in ihrer Darstellung also n i c h t, was sie mit „Auswahl ihres Koalitionspartners" begonnen hat, sondern belässt es bei der an und für sich berechtigten Thematisierung der

„politischen Eigeninteressen" des Bundeskanzlers (der ÖVP). Dadurch fehlt es dem Beitrag Rendi-Wagners aber an Gewicht und Inhalt: Es bleibt *unbenannt*, dass jene Regierung, gegen die ein Misstrauensantrag eingebracht wird, einen Rechtsruck in der österreichischen Politik mit sich gebracht hat, vor dessen Hintergrund erst „politische Eigeninteressen" tatsächlich zum Problem geworden sind.

Nun kann man sich fragen, wieso die Vorsitzende der SPÖ diese Vorgehensweise gewählt hat. Ein Teil der Antwort liegt darin, dass die SPÖ *ihrerseits* in Regierungskoalitionen mit der FPÖ ist, z. B. in der Landesregierung des Burgenlandes. Tatsächlich hat sich die SPÖ dieses Bundeslandes als dem Asylanten-Thema und seiner rechtspopulistischen Interpretation durchaus z u g e t a n erwiesen.

In diesem Zusammenhang fällt auch auf, dass die SPÖ im Vorfeld des Misstrauensantrags – zu diesem Zeitpunkt ist primär Strache im Zentrum des Interesses gestanden – sehr wohl den Rechtsruck in der österreichischen Politik thematisiert hat. Es ist von Verbindungen von FPÖ-Politikern zu rechtsradikalen Kreisen die Rede gewesen und dass die Bundesregierung – vor allem der Bundeskanzler – rote Linien errichtet habe, die beliebig verschoben werden (Leichtfried sprach davon, dass dem Bundeskanzler die roten Linien „Gummiringerl" sind, „die sich beliebig dehnen lassen").

Dergleichen Inhalte treten aber sukzessive in den Hintergrund, bis im Antrag auf Absetzung der Bundesregierung der Fokus auf persönlichem Versagen (Machtstreben) steht, losgetrennt von ideologischen Inhalten, wie sie in Kapitel 7. und Abschnitt 8.1 dargestellt worden sind.

Auf jeden Fall hat es die SPÖ geschafft, dass laut einer OGM-Umfrage (zitiert aus: *Kurier* 02. 06. 2019) nur 40% der Befragten den Misstrauensantrag für richtig gehalten haben.[81] 54% der Be-

---

[81] Beinahe lässt sich davon sprechen, dass die SPÖ aufgrund ihres Antrages mehr als die ÖVP in die Defensive geraten ist, da selbiger immer wieder als *reine Racheaktion* dargestellt worden ist. Hierin mag auch die mangelnde Fähigkeit der SPÖ zum Ausdruck kommen, sich ideologisch als tatsächliche Alternative zu präsentieren.

fragten haben ihn als falsch eingestuft.[82] Hier gilt es zu beachten, dass von der Absetzung der Übergangsregierung die Rede ist, also jener Regierung, der die FPÖ-MinisterInnen nicht mehr angehören. Das besagt: 54 % der Befragten haben die Absetzung einer Regierung für falsch angesehen, deren Mitglieder von einem Bundeskanzler vorgeschlagen worden sind, der zuvor eine rechtspopulistische ÖVP-FPÖ-Regierung gebildet hat!

Was an der soeben skizzierten Dynamik insbesondere befremdet und irritiert, ist, dass letztlich gar nicht mehr von dem Rechtsruck in der österreichischen Politik geredet worden ist. Ein eigentümliches, insofern aber kaum überraschendes Ergebnis der zuvor bereits konsultierten OGM-Umfrage ist daher auch, dass 52 % der Befragten eine Fortsetzung der ÖVP-FPÖ-Koalition – mit Hofer als FPÖ-Parteichef – für möglich halten!

Ein weiteres Ergebnis dieser Umfrage ist, dass 77 % der Befragten auf die Frage „Hat Bundespräsident Alexander Van der Bellen bei all den turbulenten Ereignissen eine gute Figur gemacht?" mit *Ja* geantwortet haben; 16 % haben mit *Eher weniger* geantwortet. Hiermit sind wir wieder bei Bundespräsident Van der Bellen angelangt.

Und doch hätte an einer Stelle leicht auf den Bundespräsidenten geblickt werden können. In der mit dem Misstrauensantrag endenden Rede von Rendi-Wagner ist es an der zitierten Stelle „Es ist ungeheuerlich, in einer solchen Situation […] Zustimmung und Vertrauen für das einzufordern, was nur Ihren eigenen Wünschen entspricht." zu folgendem Zwischenruf des Abg. Strasser gekommen: „Und des Bundespräsidenten!"

Mit diesem Zwischenruf ist in den Raum gestellt, dass der Bundespräsident mit der Vorgehensweise des Bundeskanzlers übereingestimmt hat. Um dies richtig einordnen zu können, sei zunächst in den April 2019 zurückgeblendet. In dem Artikel

---

82 Mehr noch: 23 % jener Befragten, die der SPÖ zuzuordnen sind, haben den Antrag als *falsch* angesehen!

Nach „Ratten-Gedicht": Strache zu Van der Bellen zitiert (NEWS. at, 24. 04. 2019) ist zu lesen:

„‚In den letzten Tagen und Wochen sind Aussagen öffentlich geworden, mit denen gezielt Hetze gegen einzelne Menschengruppen betrieben wurde. Solche Aussagen führen zur Vergiftung des gesellschaftlichen Klimas in unserem Land', warnt Van der Bellen in der Aussendung am Mittwoch. Der Bundespräsident lobt darin die ‚klare Reaktion' von Bundeskanzler Sebastian Kurz (ÖVP) und nimmt zur Kenntnis, dass im Fall der FPÖ Braunau[83] Konsequenzen gezogen wurden."

Dieses Lob Van der Bellens muss sehr wohl überraschen, gilt es doch einem Politiker, dessen eigentümlich langer Geduldsfaden ebenso bereits angesprochen worden ist wie dessen Bereitschaft zur Diffamierung von Menschengruppen (vgl. oben)! Es gilt einem der maßgebenden Konstrukteure einer rechtspopulistisch geprägten Regierung! Überblickt man die bisherigen Ausführungen, so nimmt die von Van der Bellen ausgehende Irritation konkrete Formen an: Als Bollwerk gegen einen Rechtsruck scheint die Vorgehensweise des Bundespräsidenten kaum Gehalt besitzen zu können; insofern ordnet sie sich in ein allgemein die beherrschende österreichische Politik ein.

Um den Konkretisierungsprozess weiter vorantreiben zu können, soll ein Interview (*Kurier* 02. 06. 2019) mit dem ehemaligen Präsidenten des Verfassungsgerichtshofes Adamovich konsultiert werden. Vorweg sei eine Stellungnahme Adamovichs zitiert, die dessen Gesinnung zum Ausdruck bringt:

„Aber es ist eine politische Krise, weil es ein massives Maß an gegenseitiger *Feindseligkeit* gibt. Das zeigt sich an der Abwahl des Kanzlers." (Hervorhebung hinzugefügt)

Adamovich sieht die Abwahl des Kanzlers also nicht als Racheaktion an, sondern – hierüber hinausgehend! – als

---

[83] Ein Funktionär der FPÖ Braunau ist der Verfasser besagten Gedichtes; zwischenzeitlich seiner Funktion enthoben und aus der Partei ausgeschlossen.

Ausdruck eines „massiven Maßes an gegenseitiger *Feindseligkeit*". Das braucht nicht eigens kommentiert zu werden!

Im Lichte hiervon soll nun folgende Aussage Adamovichs betrachtet werden: „Andere sagten sogar, den Bundespräsidenten brauchen wir gar nicht. Das wird man nicht mehr hören. Denn jetzt hat sich zum ersten Mal gezeigt, daß er kein Grüß-Onkel, sondern ein massiver Player ist. [...] Denn die Einrichtung des Bundespräsidenten ist ein wichtiges Element der modern verstandenen Gewaltentrennung."

Der Bundespräsident sei also – das hat sich jetzt „zum ersten Mal gezeigt" – ein „massiver Player". Die Bedeutung des Bundespräsidenten könne nicht länger zur Diskussion gestellt werden. *Trifft das zu?* In der konkreten Situation der Regierungsabberufungen hat sich der demokratisch gewählte Bundespräsident an das enge „Korsett" *Verfassungsgesetz* zu halten. Wäre die Aufgabe einem nicht gewählten Beamten übertragen, sie/er könnte nicht anders agiert haben. Insofern ist der Bundespräsident also sicher kein „Player" im von Adamovich intentionierten Sinn. *Das bedeutet aber auch: Insofern liegt jene Gewaltentrennung gar nicht vor, auf die Adamovich zu sprechen kommt!*

Belässt man den Fokus auf *Gewaltentrennung*, so erhebt sich folgende Frage: Wieso nutzt der Bundespräsident Van der Bellen als „Bollwerk gegen einen Rechtsruck" nicht seine „Gewalt", um das *eigentlich vorliegende* Problem mit der ÖVP-FPÖ-Regierung, (= ihre Affinität zum Extremismus der Mitte und ethnischen Pluralismus) zumindest klar zum Ausdruck zu bringen? – Mehr soll gar nicht in Aussicht gestellt sein.

Worauf, so ist angesichts hiervon zu fragen, hat sich Van der Bellen zurückgezogen? Hierzu einige Aussagen aus der Rede des Bundespräsidenten als Reaktion auf das „Ibiza-Video"[84]:

---

84 Zit. nach: *Erklärung von Bundespräsident Alexander Van der Bellen zur aktuellen innenpolitischen Situation* – bundespraesident.at

„Ich möchte das in aller Deutlichkeit sagen: So sind wir nicht! So ist Österreich einfach nicht!"

„Die vorrangige Aufgabe ist nun, das Vertrauen in unsere Institutionen wiederherzustellen, nach innen und nach außen."

„Einen Neuaufbau des Vertrauens in unsere Volksvertreter."

„Es bedarf einer vollständigen und schonungslosen Aufklärung! Durch unsere Exekutive und unsere Justiz."

Hieran fällt zunächst auf, dass eine Pauschalierung geboten wird, deren Grund nicht einsichtig ist, da auf ein Video reagiert wird, in dem lediglich *zwei* Politiker *einer* Partei zu sehen sind. Wieso sollten diese beiden Politiker Österreich repräsentieren? Zum Zeitpunkt der Aufnahme ist die FPÖ nicht einmal Regierungspartei gewesen! Wieso spricht Van der Bellen undifferenziert davon, dass „in unsere Volksvertreter" und „in unsere Institutionen" das Vertrauen wiederherzustellen ist? – V o n
I d e o l o g i e k e i n W o r t !

Angesichts hiervon sei auf das Interview mit Adamovich zurückgekommen, da es einen längeren Abschnitt enthält, der das Lob, das Adamovich Van der Bellen zollt, nicht nur in eigenartigem Licht erscheinen lässt, sondern die Möglichkeit, Lob zollen zu können, wider die eigene Intention g e r a d e z u a u f h e b t :

„Er [Hans Kelsen] war ein liberaler Demokrat, dem jedes autoritäre Gebaren suspekt war. Er hat geahnt, dass das in die Katastrophe führt. Neun Jahre später [1929] gab es eine [Verfassungs-]Novelle, die den innenpolitischen Konflikten geschuldet war. Der bürgerliche Block hat sich vor der Machtübernahme der Sozialisten gefürchtet. Die sozialistischen Wehrverbände sagten damals ganz offen: ‚Zuerst kommt der Sozialismus, dann die Demokratie.' Auch der Nationalsozialismus spielte – zwar noch nicht auf Bundesebene, aber in den Landtagen – schon eine große Rolle. Dazu kamen die rechtsradikalen Kräfte in Gestalt der Heimwehr, die mit einem Putsch drohten. Um diesen Putsch abzuwehren, kam es zur Verfassungsnovelle. Es wurde festgeschrieben, dass der Bundespräsident vom Volk gewählt wird, und seine Kompetenzen wurden ausgeweitet. Bis dahin wurde die Regierung vom Parlament gewählt. Ab 1929 ernennt sie der Bundespräsident."

Die Ausweitung der Kompetenzen des Bundespräsidenten wurde also in einer Verfassungsnovelle festgehalten, die innenpolitischen Unruhen „geschuldet" ist, deren Kristallisationspunkte in sozialistischem und nationalsozialistischem Verhalten gegeben sind. Bemerkenswert ist, dass Adamovich, sonst eher vage bleibend, dezidiert den Satz „Zuerst kommt der Sozialismus, dann die Demokratie" anführt. Für einen bürgerlich-marktgesellschaftlich denkenden Menschen stellt dieser Satz natürlich eine Bedrohung dar. Zwar hat auch das marktgesellschaftliche Denken ihre Version dieses Satzes: „Z u e r s t k o m m t d e r f r e i e M a r k t , d a n n d i e D e m o k r a t i e (o d e r w a s v o n i h r ü b r i g i s t) ", aber das soll eben eine rationale Einschätzung der Gesellschaft sein, frei von Neid usw.

Immerhin verweist Adamovich auch auf den Nationalsozialismus, freilich ohne ihn mit der Marktgesellschaft (zweite Ausprägung) in Beziehung zu bringen. Natürlich ist zwischen einer Affinität zum Ethnopluralismus usw. und nationalsozialistischem Denken zu unterscheiden, wie aber auch zu beachten ist, dass beide *nicht* in Disjunktion zueinanderstehen. Hat also die Ausweitung der Kompetenzen des Bundespräsidenten etwas mit dem Schutz der Demokratie zu tun, so muss die Z u r ü c k h a l t u n g V a n d e r B e l l e n s g e g e n ü b e r d e r T h e m a t i k R e c h t s r u c k a l s i r r i t i e r e n d e s D e f i z i t g e w e r t e t w e r d e n .

Es lohnt, hier etwas genauer zu blicken: Es lässt sich *kein* Hinweis dafür finden, dass Van der Bellen auf die Maske Ethnopluralismus, Extremismus der Mitte usw. abzielt. Es lässt sich a b e r a u c h k e i n H i n w e i s d a f ü r f i n d e n , dass Van der Bellen jenen, die dieses Denken instrumentalisieren – mögen sie von den entsprechenden Inhalten auch noch so wenig überzeugt sein –, i h r e V o r g e h e n s w e i s e z u m V o r w u r f m a c h t . Das kann aber nur bedeuten, dass das Regierungsprogramm 2017–2022 nicht grundsätzlich als problematisch eingestuft worden ist, zu keiner grundsätzlichen Kritik motivierend, sondern lediglich das Ausmaß der Instrumentalisierung zur Diskussion steht.

Zur Untermauerung hiervon lässt sich anführen, dass Bundespräsident Van der Bellen eine neuerliche Angelobung Kickls

(FPÖ) als Innenminister ausgeschlossen hat, jenes Politikers also, der insbesondere in Beziehung zu bringen ist mit dem Ethnopluralismus. Tatsächlich stimmt Van der Bellen hierin aber mit der aktuellen Vorgehensweise der ÖVP überein.

Die folgenden Aussagen des ehemaligen Kanzleramtsministers und engen Vertrauten von Kurz Blümel, festgehalten in dem einmal bereits konsultierten *Kurier*-Interview (14. 07. 2019), verdeutlichen dies. Auf die Frage *Ist die FPÖ eine bürgerliche Partei?* Antwortet Blümel:

„Bei Hofer spüre ich da sehr viel, bei Herbert Kickl sehr wenig. Dieses Diktum der sozialen Heimatpartei ist ein sozialistisch-nationalistisch angehauchtes [?]. Die FPÖ hat sich entschieden, den Weg nicht mit uns [ÖVP], sondern mit Kickl zu gehen – gegen uns. Wenn dieser Weg weiter verfolgt wird, ist völlig wurscht, auf welchem Sessel Kickl sitzt, das geht sich dann einfach nicht aus."

Blümel transformiert also das Problem *FPÖ* in das Problem *Kickl*. Das Problem *FPÖ* existiert nur insofern, als sich die FPÖ entschlossen hat, Kickl zu folgen anstatt der ÖVP. Damit wird ausgesagt, dass die Fortsetzung der ÖVP-FPÖ-Koalition vorstellbar ist bzw. diese Fortsetzung nicht mehr durch den eigentlichen Problemherd *Kickl* sabotiert würde.

Legt man hieran die vorangegangenen Ausführungen zum Regierungsprogramm 2017–2022 an, so zeigt sich aber: Der Problemherd ist nicht Kickl, der Problemherd ist die gesamte ideologische Ausrichtung des Programms. Der Verzicht auf Kickl in einer Fortsetzung der ÖVP-FPÖ-Regierung würde lediglich bedeuten, der Maske *Ethnopluralismus* einiges von ihrer Schärfe zu nehmen.[85]

---

85 Es soll nicht unerwähnt bleiben, dass Blümel Kickl nicht nur in Distanz zur ÖVP bringt, sondern zugleich in eine Nahebeziehung zur SPÖ: „Das hat mich insofern überrascht, als die SPÖ zuvor in Summe zwölf Misstrauensanträge gegen Herbert Kickl unterstützt hat. Und dann

Erinnern wir uns angesichts hiervon an die Worte von Bundespräsident Van der Bellen: „Das Programm werde er sich jedenfalls ‚genauer anschauen, das habe ich von der letzten Regierungsbildung gelernt'." Die oben hierzu aufgeworfene Frage, was konkret unter „genauer" zu verstehen ist, zeigt sich nun in ihrer ganzen Bedeutung.

***

S c h l u s s w o r t. Zunächst hat Van der Bellens Wahl eines seiner Lebensbücher irritiert; keine noch so gewagte Konstruktion führt von Nietzsches *Also sprach Zarathustra* zur Demokratie. Van der Bellen ist aber Demokrat, sodass man zunächst geneigt sein kann, besagte Wahl als Skurrilität abzutun. Weitaus ungemütlicher wird die Irritation aber, wenn, einmal aufmerksam geworden, beachtet wird, dass der Bundespräsident, der als Bollwerk gegen einen Rechtsruck deklariert worden ist, n i c h t s u b s t a n z i e l l a l s e i n s o l c h e s a g i e r t: Das gesamte Kokettieren der ÖVP mit Inhalten im Sinne des Ethnopluralismus bleibt unkritisiert. Irritierend ist daher auch weniger der Bundespräsident Van der Bellen, sondern dass sein Verhalten dem Verhalten jenem der maßgebenden politischen Akteure in Österreich entspricht. E s f e h l t a n d e m e n t s p r e c h e n d e n B o l l w e r k u n d e s f e h l t a n e i n e m d e m e n t s p r e c h e n d e n D e m o k r a t i e v e r s t ä n d n i s.

> macht sie gemeinsame Sache mit Kickl, wählt die Regierung ab und macht mit der FPÖ ein Parteiengesetz, das die Ibiza-Vorwürfe legitimiert. [...] Aber dass genau jene Partei [SPÖ], die das immer sehr empört hat, was da in der FPÖ aufgekommen ist – und das waren ja teilweise wirklich Grauslichkeiten –, dann mit Herbert Kickl gemeinsame Sache gegen den Bundeskanzler macht, war schon bemerkenswert." Aus dem Umstand, dass die FPÖ – nicht nur Kickl – den SPÖ-Antrag auf Absetzung der Regierung unterstützt hat, ebenso wie die Partei Jetzt, konstruiert Blümel ein *gemeinsames Vorgehen* von SPÖ *und* Kickl. Das steht in puncto Realitätsverweigerung nicht hinter dem Vorgehen der FPÖ zurück, im Zusammenhang mit dem Ibiza-Video von Schuld nur in Rücksicht auf die Hersteller des Videos zu sprechen.

Der Autor

Dr. Wolfgang Senz wurde 1962 geboren. Nach Beendigung des Studiums nahm er einen Lehrauftrag am Zoologischen Institut der Universität Wien an. Zudem ist er als freischaffender Philosoph und auf Projektbasis tätig. Ca. 50 wissenschaftliche Zeitschriftenartikel zu Zoologie und Philosophie hat er bisher veröffentlicht. Darüber hinaus sind bereits einige Bücher zu philosophischen Themen erschienen, auf die er in dem Buch „Ein Bundespräsident irritiert" Bezug nimmt.

novum VERLAG FÜR NEUAUTOREN

Der Verlag

„ Wer aufhört besser zu werden, hat aufgehört gut zu sein!

Basierend auf diesem Motto ist es dem novum Verlag ein Anliegen neue Manuskripte aufzuspüren, zu veröffentlichen und deren Autoren langfristig zu fördern. Mittlerweile gilt der 1997 gegründete und mehrfach prämierte Verlag als Spezialist für Neuautoren in Deutschland, Österreich und der Schweiz.

Für jedes neue Manuskript wird innerhalb weniger Wochen eine kostenfreie, unverbindliche Lektorats-Prüfung erstellt.

Weitere Informationen zum Verlag und seinen Büchern finden Sie im Internet unter:

www.novumverlag.com